ブ〜ケを手わたす

知的障害者の
恋愛・結婚・子育て

平井　威／「ぶ〜け」共同研究プロジェクト

学術研究出版

はじめに

雨が上がって柔らかな空気に包まれた3月15日、筆者は長崎県の諫早駅に降り立ちました。諫早駅に近い料亭和元で始まる「ぶ〜け」ホワイトデーイベントにはあと一時間ほどあります。

「ぶ〜け」とは、花嫁が手にする花束ブーケにちなんで名づけられた知的障害者のための交際・恋愛、結婚、子育て支援をしている社会福祉法人南高愛隣会結婚推進室「ぶ〜け」のことです。

時間をつぶすことにして百円ショップをうろうろしていたら、なんとなく当事者らしい人が袋を買い求めています。「はは〜ん、今日のプレゼントを入れる袋を今用意したのだな」と思ってついていくと、バスの待合室に数人のそれと思しき一団がいました。そして確かに「ぶ〜け」という言葉が耳に飛び込んできました。女性4人、男性2人が話をしています。声をかけてみました。

「あの〜、『ぶ〜け』の会合に行かれるのですか？　私も行くのです。」

「あ！　そうですか。よろしくお願いします。」

ひとりの女性が返事をしてくれました。こういう時、知らない人に声をかけられても気さくに応じてくれるのが、彼らの良いところでもあり、危ないところでもあるのですが、今日の私にとっては嬉しい……。

自己紹介をすると、その女性が

「あ！　アンケートで見たことがある」

というではありませんか。

「そうです。その平井です。アンケートにはご協力ありがとうございました！」

……というのは、2月に実施した「ぶ〜け」利用者アンケートの依頼文には筆者の顔写真がはりつけてあったからなのです。その小さな写真の顔を覚えていてくれたとは感激でした。

この方は、問わず語りに自分のことを話してくれました。歳は54才で離島出身だといいます。「大村で結婚生活を4年間したが協議離婚させられ34歳の時に諫早に来た。22歳の息子がいるが、一度もあったことはない。今は、4人暮らしのグループホームで生活している」というのです。しっかりした口調でした。短い話の中にもこの方の辛い半生が垣間見えたのでした。それでもこれから「ホワイトデー」に行く人なのです。素敵な人が待っているのでしょうか？

料亭2階広間に次々と参加者が集まってきました。20組40名くらいになるでしょうか。今回はバレンタインデーのお返し企画なので、ほとんどの人に意中の相手がいるといいます。始まってしばらくは会食。そして、メインの「プレゼント」はホワイトデーなので男性から女性に贈られました。

「これ、もらった！」と「ぶ〜け」担当世話人や「ぶ〜け」専任の荒木さん、松村担当統括部長等にうれしそうに見せに来る女性たちの笑顔は、ただ「嬉しい」と言うよりは「自信に満ちた」と形容できる表情です。

「ぶ〜け」支援委員会森内さんが用意したゲームは、「愛しているよ！　彼氏当てゲーム」ステージに女性を後ろ向きに立たせ、背後から本命の彼氏を含む5人の男性に「愛しているよ！」と声をかけさせ、女性に彼氏を当てさせるというルールです。

次々に「愛しているよ！」という声を浴びせられて女性たちはなんと言えない顔になります。彼氏の声を聞いた時の表情は、それまでとははっきり違って見えました。はにかむようで思わず笑みがこぼれると言った表情に変わるのです。カップルの中には、まだそれほど気持ちが傾いていない片割れもいたようですが、こうしたイベントを通じて「その気になっていく」人もいそうな気配を感じました。

10組くらいやって間違えた人は一人もいませんでした。当たったあとは彼女から彼氏に何か一言を返すというルールだったのですが、「私も愛しています」とか「これからもよろしくお願いします」とか通り一遍の言葉が続きだしたとき、森内さんに代わって老練な「ぶ〜け」担当世話人たちが割り込んできました。

「では、これからどうしようと思っているの？」

「今、言わんかったらならんばってん。さあ、いつも思っている事、言ってごらん！」

世話人さんの登場でちょっとたじろいでいる人には
「え？　なに、たばこ……やめ……」

などとプロンプトを入れます。そこで女性が
「○○さん、たばこはやめてください」

と言うと、すかさず世話人が、彼氏にマイクをつきつけ、

「彼女ああ言っているよ。どうする？」とたたみかけます。

「や、や……やめます」

「本当やね！　証人こんないっぱいおるけん、うそつけへんよ。いいね？」

「……は……い」

その後は、次々と自分の担当グループホーム利用者とそのお相手をゲームに引き出し、「部屋の掃除をしっかりする」とか「酒は一日1合」とか「お金の無駄づかいはしない」など、さながら決意表明会あるいは公開懺悔会のようになってきました。

ようやくゲームというか、ホワイトデーを利用した「グループホーム生活指導の時間」が終わりました。すると、ある世話人さんが、白髪のダンディな男性とその向こうに座っていた女性に立ってもらい、ステージの上にあげました。駅で会った「離島出身54歳の女

性」でした。女性の手には犬のぬいぐるみが着いたコインケースが握られていました。世話人が男性の耳元でなにか囁いています。しばらく躊躇していた男性でしたが、意を決したように女性の前に立つと、

「つきあってください」

と告白したのです。女性は白髪の男性の目をしっかり見て、小さい声で

「はい」

と答えました。思わず目頭が熱くなった瞬間でした。

ホワイトデーイベントに集まった人たちの中からやがてパートナーとの生活・結婚を実現していくカップルが生まれることでしょう。

ひるがえって、多くの知的障害者のライフコースを概観するとその生活構造に定型発達の人々とは著しく異なるところがあることがわかります。それは、恋愛関係、結婚・パートナーとの生活、子育て経験という人生ステージの欠如です。地域で暮らし一般就労して余暇を楽しんでいる、つまり社会参加と自立を果たしているかに見える人にもこのステージはありません。

「そんなこと言ったって、ふつうの男だって三人に一人は結婚できない時代。知的障害者ができないのは当たり前でしょ」

こんな声も聞こえそうです。

そうなのです。「ふつうの男」も（「四人に一人」の女も）、そして障害者も含めた希望するすべての人が結婚したいと思ったらそれに向かって歩める社会ではないことが問題なのです。政府も、未婚化や晩婚化は「結婚を望んでも出会いの機会が限られるという状況や、出産を希望しても仕事と子育ての両立の困難からあきらめるといった状況がしばしば指摘される」（少子化社会対策大綱）と、このことが社会の問題であることを認めています。

知的障害者のための結婚推進室「ぶ〜け」を調べていくと、そこには結婚できない誰にも共通する事柄や支援ノウハウがいっぱい詰まっていました。

本書は、結婚推進室「ぶ〜け」の実態を詳らかにし、他地域でも展開可能な原理やノウハウを取り出すことを主眼に編みました。

なお、以下のような手続きと調査資料をもとに書いていますが、数的なデータ以外のインタビューや記録資料にもとづく記述は一部フィクション化し、文中の当事者氏名や地域名は仮名であることをお断りしておきます。

調査研究にあたり、平井威（筆者）と社会福祉法人南高愛隣会との間に共同研究プロジェクトを立ち上げました。法人側の「ぶ〜け」共同研究プロジェクトは、事業統括部長松村真美、「ぶ〜け」室長納谷まさこ等「ぶ〜け」担当者と「ぶ〜け」支援委員会のメンバーで構成しました。プロジェクトリーダーには通常業務は別部署にいる小西亜弥を当てました。主に平井・松村・小西の三者で連絡を取り合い進めました。研究の全体デザインは平井が作成しアンケート用紙の項目に関してはプロジェクトで検討のうえ決定、法人の生活支援系各事業所の協力を得て配布・集約を行いました。アンケート調査、インタビュー調査及び実地見聞・資料調査にあたっては、明星大学研究倫理委員会の承認の下、対象者に明星大学研究倫理規定に基づく誓約書を配布・説明し、個々に研究協力承諾書を頂きました。

本書に生かした調査資料（回収結果と研究に使用するデータ）は、以下の通りです。

（1）アンケート調査の回収結果は、当事者アンケート回収172通（パートナーとの生活者群43通、交際相手のいる群46通、探している群83通）、支援者アンケート回収137通（パートナーとの生活者群17組、交際相手のいる群41通、探している群79通）でした。回収アンケートは匿名化しExcelデータとして入力し数値並びにテキストにしました。

（2）インタビュー及び実地見聞・資料調査の結果は、当事者11名（パートナーとの生活者7名5組、交際中の人2名1組、探し中の人2名）、法人関係者5名のインタビューを採用し、音声から起こした「第1次テキスト」（整文起こしによるテキストをインタビュー対象者に確認したもの）を作成しました。これを基に文中固有名詞の匿名化と要約を行った「第2次テキスト」やPDFあるいは画像資料を、QDAソフト「NVivo10

for Windows」を使って整理・分析・探求しました。
（3）インタビュー及び実地見聞・資料調査の結果の本書収録にあたって、「第2次テキスト」やPDFあるいは画像資料をもとに、個人が特定できないよう必要なフィクション化を図った原稿を該当当事者・法人関係者に読ませ、修正要請がある場合は修正し了解を得ています。

ブーケを手にした花嫁姿は幸福の象徴です。「受け取れるのが誰だかわからない、競って取りに行くのが恥ずかしい、誰も受け取ってくれなかったら困る……」などの理由から最近では流行らないようですが、結婚式の最後に行われるブーケトスは花嫁が後ろ向きになって背中越しに投げます。ブーケを受け取った女性への幸福のバトンタッチという趣旨なのですから、やさしく手渡ししても良さそうです。幸せを受け取るのが苦手な人にも、きちんと手渡しする。南高愛隣会結婚推進室「ぶ～け」はそんなイメージです。

ホワイトデーイベントは、筆者が島原半島に一週間滞在し、島原、雲仙、諫早に点在する当事者へのインタビューやグループホームなどを取材した最後の日に行われました。島原外港を出た島原鉄道の黄色いジーゼル列車に揺られ、もうお馴染になった吾妻、愛野、幸などという駅名に微笑みながら終点諫早を目指しました。

ではこれから「ぶ～け」を調べる旅に一緒に参りましょう。

目次◎ブ～ケを手わたす　知的障害者の恋愛・結婚・子育て

はじめに …… 1

第1章　知的障害者の恋愛、結婚、子育て「失われた30年」を超えて
性をエンジョイすることは人間らしく生きること …… 22
知的障害者の性は未だに統制されているのではないか …… 24
支援スタッフの価値観や知識・経験、福祉制度に左右されている …… 25
親や支援者を介さずに、当事者が直接つながるネットワークは作れるか …… 27
人生領域の意思決定支援に「結婚」が含まれる時代へ …… 29

第2章　結婚推進室「ぶ～け」の事業ー「FUKUSHIの中心で愛を叫ぶ」
知的障害者の恋愛や結婚・子育てはタブーか …… 32
「遅かったばい」という利用者の声から始まった …… 34
「愛する人との暮らし」を望む人が増えている …… 35
結婚推進室「ぶ～け」の組織体制 …… 36
「ぶ～け」スタッフ、6つの支援姿勢 …… 38
出会い・恋活のサポート …… 39
夫婦・パートナー生活の応援 …… 41

子育てサポート……42
自分磨き・スキルアップ……43
若手職員とベテランのタッグ……44
若手とベテラン、双方のストレングスを活かして……46
「ぶ～け」をみなさんにトスしたい……47

第3章　「ぶ～け」の実際―6年越しの恋から結婚生活を手にした高城麻央さん
麻央さんのプロフィール……50
1．「ぶ～け」支援経過記録より……51
おばさんの反対と「ぶ～け」が煙ったい麻央さん……51
パートナー生活の実習を経て結婚へ……53
2．高城麻央さんインタビュー……56
わがままを全部受け止めてくれた……56
夫婦生活の費用は二人で出し合う……59
性生活と子どもをもつ夢……61
「あんしん家族」の児玉ファミリー……63
3．麻央さんのライフコース……66

第4章　「愛する人との生活」を推進する「ぶ～け」にかける想い―田島顧問に聞く

施設は、そこを出るためにある……72
田島家の娘として嫁に出した人もいたが、気づくのが遅かった……74
「私は産みたい」……ある女性の妊娠……76
二人のシングルマザーの出産・子育て支援……78
となりに愛する人がいる人は輝いて見えた……80
愛する人との暮らしに反対する親は敵だ……82
お試し婚「生活実習」の導入……83
24年前は「フジュンイセイコウユウ」だった……85
例え別れても、愛する人と過ごした経験が大切……87
子どもの頃からの想いをついに実現したカップル……89
模範青年と敬虔なカトリック教徒の夫婦仲……91
福祉から零れ落ちた人たちへのアプローチ……93
性的問題行動のあった二人が結婚して……95
美しき処女のばあさんや童貞じいさんになるな……97

第5章 「ぶ～け」のしてきたこと、「ぶ～け」で変わったこと
1．玄関先に列を作って並んだ人たちに応えて－納谷氏・荒木氏インタビュー …… 102
「おつき合いはしたかとばってん、どげんすっかな－」 …… 102
それがみんなの一番望んでいる支援じゃないか …… 104
片思いから、笑顔が素敵なカップルへ …… 105
セオリーは相手への思いやり …… 107
パートナー生活への切り札「生活実習」 …… 110
本人さんの気持ちに本当に従順に …… 112
2．利用者ニーズ、目標が変わった－松村統括部長に聞く1 …… 115
制度外支援の蓄積 …… 116
地域生活のニーズ …… 117
みんなの目標が変わった …… 120
第6章 「ぶ～け」を利用している人たち
1．支援者アンケート結果より、利用者全体の概観 …… 124
利用者の年齢、障害程度、学校歴、支援区分、福祉サービス利用、日中活動先 …… 124
収入は全国水準より高く、金銭管理も自己管理が少なくない …… 125

パートナー生活者、交際中の人たち、探している人たちの違い ……… 127
「知的障害者の青年期―成人期的課題12指標（以下「12指標」と表記）」にもとづく印象 …… 129
2．当事者アンケートより、当事者の意識 ……… **133**
回答者の年齢、性別 ……… 133
「今のくらしは？」 交群にさびしさあり ……… 133
「ぶ～け」でしたことで役立っていることは？ 意外と低評価の交群 ……… 134
「今一番頑張っていること・好きなこと」は、やっぱり仕事・趣味 ……… 136
「困っていること」、パートナー生活者の心配事はお相手のこと ……… 137
困ったときに相談する人 ……… 138
「将来の夢」は、現実的で実現可能性のあるふつうの夢 ……… 139
「夢をかなえるために今努力していることは？」から見えた「恋は努力の源」 ……… 140

第7章　交際相手を探している人への支援

1．支援者アンケート結果 ……… **144**
今後パートナーをみつける上で、大切だと思うこと ……… 144
パートナーを見つけることはできると思うか？ ……… 145
どのような支援をしているか？ ……… 146

2．当事者インタビュー……148
パーティー会場の端っこに、ぽつんと一人座っていた佐藤さんに聞く……148
一人暮らしのスポーツマン、「一段落したから彼女でも作ろうか」……149
瑞宝太鼓団員、青山さんに聞く……150
子ども時代はずっといじめられてきたが、太鼓との出会いで人生が変わった……152
結婚して両親を安心させたい……153

第8章　交際している人への支援

1．支援者アンケート結果……156
「交際経験と交際に至った経過、交際中の行動」は、ほぼ「健全な」おつき合い……156
「交際中になる上で最も影響を持った支援」は、「ぶ～け」交流会……158
「交際中に問題となったこと、なっていること」の一番は「二人の食い違い」……158
「現在の支援内容」、1位は身だしなみ、2位は金銭管理……160
「今後、交際を継続していく上で、大切だと思うこと」、筆頭は「本人の相談姿勢」……163
「交際からパートナー生活に至るうえで、今後影響をもつと思う支援」は「ぶ～け」の関与……164
「二人の今後の見通し」は、きれいに山型の回答……165
2．当事者インタビュー……165

7年越しの恋を実らせようとしている神崎さん……165
おつき合いの進み具合は、キスまで……167
パートナー生活への障壁……168

第9章　パートナー生活者への支援

1．支援者アンケート結果……174
交際のきっかけ、交際中の二人の行動（デート場所）は、管理下で？……174
「交際中になるうえで、影響をもった支援」は、「ぶ〜け」担当者の個別支援……175
「パートナーとの生活に至るうえで、影響をもった支援」ではホーム世話人の支援が大きい……176
「パートナー生活に至るポイント（自由記述）」は、それぞれ……177
「交際からゴールまでに問題となったこととその解決」は、多種多様……178
パートナー生活者17世帯の状況（形態、住居。家計、生活費）……181
生活面の支援内容は「相談に応ずる支援」を充実させている……182
食事は自前の配食サービスで省力化、金銭管理は当事者管理が半数以上……184
性生活の支援は、精神面の支援が中心。避妊はピル服用……186
家庭生活支援の要は「ゴミの処理」……187
わずか17世帯に「人生いろいろ」、ありふれた家庭問題の全てがあった……188

パートナー生活継続のために大切なこと、「相手へのおもいやり」……190
2．当事者インタビュー……**193**
澤一郎さんの場合　「お帰り」って言ってもらえる温もり……**193**
ご両親は、はじめから喜んでくれて、「娘をよろしく」と言ってもらえた……194
世話人さんは週に二回見回りに。あとは毎夜の電話確認……195
家賃は別に、月8万円で生活し、障害基礎年金は積み立てている……196
子どもはもう少し先、今は奥様のチャレンジを応援……198
山路美香さんの場合　二人の生活を大事にしています……**198**
突っ張っていたが、おつき合いするようになって、まったく変わった……199
「ずっと病院暮らしだったかも」、美香さんの障害受容……200
二人の趣味は旅行、大阪・柳川二人旅の思い出……202
「ぶ～け」の支援と「あんしん家族」の支援……203
夫婦共同の生活部分はお互いに出し合う家計管理……204
お互いにごめんって言えばそれで終わり　夫婦げんかの極意……205
「こんな障害を持った人に育てられた子どもが町を歩いたらどんな思いをするのか」……207
能力開発センター時代の思い出……209

第10章　山岡家、家族再統合の物語―児童虐待からの回復

二人の結婚、耕次君誕生まで …… 214
耕太さんの耕次君への虐待発覚 …… 215
児童相談所の介入と父子分離、ケース会議の開催 …… 217
「もう帰ってこなくてもいい」幸恵さんの変化 …… 218
親子関係・夫婦関係の修復を目指して …… 220
重層的な支援で長い道のりを一歩ずつ …… 221
結婚の決め手はマメな優しさ …… 222
一番の心配は、一年生になる耕次君の学校生活 …… 224
児相双六の「上がり」を体験した山岡家 …… 226

第11章　「ぶ〜け」のこれから―田島理事長、松村事業統括部長インタビュー

1.「ぶ〜け」事業の位置づけと展望―田島光浩理事長に聞く …… 230
今度生まれてくる時は、ぼくはふつうのおうちに生まれたい …… 230
「ぶ〜け」が入ることで「清く正しい交際」がアピールできた …… 231
「ぶ〜け」有料登録制の導入と支援委員会の立ち上げ …… 234
在宅利用者拡大と性教育の課題 …… 235

他法人との連携と「ぶ〜け」の事業的位置づけ……237
第一世代の熱意と若い職員の人権感覚を融合させた支援力向上……240
組織がイノベーションを起こす時の法則……242
2.「ぶ〜け」を地域生活支援の核に―松村事業統括部長に聞く2……245
グループホームから居宅支援まで……245
性支援のあり方……249
女性会員を増やす……251
今後の人材育成につなぐ……252

第12章　地域ネットワーク型「ぶ〜け」への展望
1.南高愛隣会結婚推進室「ぶ〜け」7つの特長……258
出会いをサポートし結婚を推進する「ぶ〜け」10年の成果……258
相手への思いやり、「人権相互の衝突の調整」が必要……260
「愚行の権利」、失敗も本人の権利と認める支援へ……262
聴きとることとサービス提供の分離……263
失敗からの立ち直りをトリートメントする南高愛隣会のシステム……264
2.交際・恋愛、結婚、子育て支援が必要なのは障害者だけではない……266

島原市営「ハッピーカフェ」の苦戦……266
結婚できない貧困世代、在宅からの脱出を保障する……267
避妊を知らない少女・あえて恋愛しない若者たち、性教育と見守り支援の必要性……269
3.「ブ～ケ」を手渡す支援を各地につくる……270
障害のない人と交際したいという声に応えることはできるか……271
経営理念や支援方針の違う法人をまたぐ支援者協働の展望……273
親のもとにいる在宅者の支援、親や支援者の心配にどう応えるか……276
性教育と避妊の徹底で、まずは「パートナー生活」から……278
「先手必勝」の交際支援と性教育、「後手不敗」のトラブルシューターネットワーク……279
文末脚注……281
おわりに……285
巻末資料……292
著者プロフィール……317

第1章

知的障害者の恋愛、結婚、子育て「失われた30年」を超えて

性をエンジョイすることは人間らしく生きること

障害をもつ子どもも大人も、ふつうの人々と同じように、性をエンジョイする（楽しむ）ことが人間らしく生きることに欠かせないことだということを確認しておいてください。……障害をもつ子どもの「性を育てる」性指導は、ノーマライゼーションのカギを握っているのです。……どうしたら障害をもつ子どもも、ガールフレンドやボーイフレンドを作れるようになるだろうか、どうしたら障害者が恋人をつくり、結婚するようになるだろうか、どうしたら障害をもつ夫婦がセックス・ライフを含めてよい家庭生活を送ることができるだろうか、と前向きに考えてほしいと思います。……通勤寮、生活寮[1]、施設でも男女が同居できるようにしてほしいと思います。そうすればもっと結婚できるものが増えるでしょうし、結婚後のアフターケアも容易になるでしょう。特にちえおくれの人々[2]では、結婚相手を見つけてくれるだけの結婚相談でなくて、結婚後のさまざまな事柄について助言してくれる結婚相談が必要です。[3]

これはおよそ30年前に、知的障害のある子どもの親と教師に宛てたメッセージ集「地域で生きる生活教育」という本の一節です。知的障害者のセクシャリティーへの権利や結婚生活支援に関する取り組みや研究を熱心に進めていたのは、東京学芸大学の大井清吉でした。大井は1976年、小杉長平、河東田博とともに「ちえ遅れの子の性と結婚の指導」（日本文化科学社刊）を著し、同時に日本障害児性教育研究会を立ち上げ、知的障害児者の性教育や結婚支援の普及に尽力しました。

1970年代から80年代は、国連が「障害者の権利宣言」を採択したり、「完全参加と平等」を実現するための国際障害者年を設定したり、1983年から10年間を「国連・障害者の十年」とするなど全般的な障害者運動・権利擁護の高まりがあった時代です。そんな中で障害児教育の実践・研究の現場では、「適応を重視する」か「発達が大切」かという論争がありました。大井は、その両者の相克の中で「生活」というタームに着目し「生活年齢を重視する」「子どもを丸ごととらえる」「助け合って自立する」など、今日では常識となっている視点を提起していました。その延長上で大井が実践課題として心血を注いだのが、知的障害者が地域で暮らすことの保障とその欠かすことのできないカギとしての性と結婚の指導・支援だったのです。惜しいことに、大井は1998年、21世紀の世界を見ずに早逝しました。その後、政治的意図に基づく性教育バッシングもあり、教育現場や障害者施設での実践も停滞しました。大井の著書を今日でも学ぶことの多い古典的名著と紹介している坂爪真吾はその著書「セックスと障害者」（イースト新書2016）の中で、1980年代から今日までを、我が国における障害者の性の権利と性教育が現場で共有され、問題解決のための仕組みが作られることは稀にしかなかった「失われた30年」と評しています。大井が生きていたら状況はもう少し変わっていたかもしれないと密かに思うのです。ともあれ、冒頭に紹介した大井の言葉は、今日でも光彩を放っています。

21世紀になってからの知的障害者の性と結婚に関する研究で筆者が注目したものは、次のようなものです。

知的障害者の性は未だに統制されているのではないか

秦安雄（2000）[4]は、ひとつの法人内4組という限られた数ながら丹念な聞き取り調査によって、家族背景や結婚前の状況から生活実態、子育て、地域とのつながりまで具体的に明らかにしています。秦は「結婚生活支援は当事者のニーズや生活条件によって画一的にはできない。（中略）個人生活の干渉にならないよう配慮することが必要である。援助者は高い専門性が求められる。質は異なるが身内以上に当事者との信頼関係が重要になる」とまとめています。

井上和久・郷間英世による研究（井上和久・郷間英世2001）[5]では、主として在宅の独身知的障害者33名（内既婚2名、グループホーム利用者5名）に面接調査を実施し、休日の過ごし方、デート経験、交際や結婚・子ども持つことへの願望、妊娠に関する知識、希望する援助などを聞き取っています。

井上らは、この研究で、①デート願望を持つ者は63％だったがデート経験者は27％、休日等家で過ごす男性は2／3を占めているなどから生活や交流範囲の狭さが恋愛の障壁になっていること②妊娠への正しい知識を持っている者はわずか20％だったことから、性に対する知識の低さがあること③結婚を望む者の71％が経済面や家事・育児、就労などへの支援を求めていることを明らかにしました。

井上らは遡る1999年にも知的障害者の恋愛や結婚に対する障壁を明らかにし援助の在り方を探るために、親、施設職員、一般の人たちへの意識調査も実施しています（井上和久・郷間英世1999）[6]。

ここでは、一般人90%、施設職員76%が知的障害者の結婚に「どちらかというと賛成」以上であるのに対して、親は43%しか肯定していないことが示されていました。

鈴木良の研究（鈴木良2013）[7]では、知的障害者入所施設から地域移行しつつある総合援護施設へのエスノグラフィックな調査方法を採用し、当事者や職員への聞き取り調査から「地域移行における性の統制過程」を問題にしています。①当事者本人が交際や結婚、子育てに関して職員に相談したり、支援を受けたりすることを希望していること（鈴木はこれを性交渉・生殖を統制する規範にもとづく「自己決定権の制約」であるとする）②職員は本人の生活・育児能力や育児支援の困難さに対する懸念をもっていることを明らかにしています。

支援スタッフの価値観や知識・経験、福祉制度に左右されている

小林繁一・河東田博等による2004年度の「知的障害者の結婚生活支援のあり方に関する研究」（河東田2013）[8]は各地4法人4センターを対象に54組の対象者の状況、支援内容、結婚までのプロセスなどを明らかにしています。この研究の目的は「知的障害者の結婚や結婚生活支援に関する実態を広範囲に把握することを通して『結婚生活を支援するためにはどうしたらよいのか』を明らかにすること」でした。小林・河東田等の考え方は、「知的な障害を持つ人々のセクシャリティーや結婚の権

利がごく当たり前のものとして受け止められるためには、彼らの生活が支援者に委ねられるのではなく、彼らの自己決定と自己決定を支える支援のあり方やそのための条件整備が具体的に検討され、実践されていく必要がある」[9]というものです。

研究の結果、小林・河東田等は、結婚生活支援に各支援機関が与える影響の大きさを指摘し、グループホーム制度の有効活用など公的制度の活用と地域の人的・組織的ネットワーク構築、支援職員の価値観の共有などの要因が大切であることを指摘している。そのうえで、一人ひとりのニーズへの支援（自己決定支援）が基本になるべき、と結論付けています。

「ぷ〜け」共同研究のアンケート調査では、小林・河東田等の問題意識を共有し深化させることも意図していましたので、河東田の了解を得て、2004年度日本財団助成事業分担研究「知的障害者の結婚生活支援のあり方に関する研究」で使用した質問項目を参考に、この先行研究結果と比較・検討できるようにアンケート質問項目を設定しました。

田中恵美子（田中2014）[10]は、河東田等の研究が「事例の概要や統計的調査で障碍者自身の語りをほとんど掲載していない」ので、「できる限り彼らの語りを用いて、彼らの経験をより現実的に把握することを試みる」とし、3施設の20世帯34名のインタビュー調査をしています。調査した3つの施設間で違った類型が多く見られたことから、小林・河東田等の先行研究における「支援スタッフの考え方や価値観の違いによる」影響という指摘に加えて、制度と施設職員の知識・経験の影響にも着目すべきことを述べています。田中の研究は、小林・河東田等の調査結果を概ね追認する結果となっていますが、①「相談事や問題の解決等重要事項は施設職員に頼る例が目立ち、事例によっては配偶者より優先的に相談するなど施設職員の占める位置が大きいこと」を明らかにし、「結婚のプロセスで背中を押したり、資源の管理者役割を代行や共同する」役割があることを認識すること②グループホームを、結婚し子どもを産み育てる「場」として制度的に保障すること③結婚の知識と経験を、支援者も当事者も共有する「場」が必要なこと等を指摘している点が注目されます。

親や支援者を介さずに、当事者が直接つながるネットワークは作れるか

新藤こずえ（新藤2013）[11]は、在宅で通所の障害福祉事業所に通う身体障害も併せ持つ知的障害当事者やその支援職員、保護者を主な調査対象とした調査から、障害者自立論の枠組みを批判的に検討し「知的障害者が『大人になる』ということを視野に入れてこなかったのではないだろうか」と問題提起しています。そして、「（知的障害者がその歴年齢に応じて：筆者補足）経験しうる出来事を『関与者たち』が排除していないか、顧みる必要がある。『関与者たち』が持つ視点の拡がりが、知的障害者のライフコースを豊かなものにすることにつながると考えられる」と述べ、「関与者たち」の理解を前提に他者との私的なインタラクションに基づく人間関係づくり、そのためには、親や支援者を

介さない当事者自身が直接に社会とつながるようなネットワークを持てるようにする視点が欠かせないし、このような関係性の延長線上に友情や愛情があり、その結果としての恋愛やセクシャリティー、結婚の可能性を否定すべきでないだろうとしています。

新藤は、「親がコミットしていない当事者」の方が結婚経験をしていることや少なくない軽度の知的障害者がその障害を認知せずに社会生活をおくっていることを知っています。そこから今後の課題として①家族および当事者の社会階層をふまえ、知的障害者のライフコースを分析すること②知的障害が社会的に構築されるものであるとするならば、それはライフコースのどの時点からいかに構築されるのかといった観点から、知的障害者の人生に沿った縦断的な調査を行う必要があるだろうと結んでいます。

新藤の課題設定は、「ぶ〜け」共同研究における筆者の関心と軌を一にしています。

以上のような先行研究で一貫して問題にされているのが、知的障害者のセクシャリティーへの権利の承認を前提としつつ、それを実質化するうえでの当事者と支援者の意識の違い、あるいは従属関係を組み替えて、いかに共通の価値観や支援の仕組み、望ましい関係性を作り出すかということでした。

そのキーワードは、秦によれば「信頼関係」であり、鈴木では「規範に基づく統制」、河東田では「自己決定支援」、田中では「管理者役割の代行・共同」、新藤では「関与者の理解」、でした。それぞれの立ち位置や視点は違いますが、当事者と支援者の関係性をどのようなものとしてとらえるかが問われていました。鈴木が言うように、入所施設から地域への在住移行が進んでも、それまでに当事者、支援者双方に形成された「規範」から自由になることはなかなか難しいでしょう。それは在宅者であっても新藤が言うように親から「大人になる」ことを部分的にしか期待されてこなかったがゆえに「アイドルのような恋人がほしい」「お嫁さんになりたい」といった子ども期の憧れ程度にしか交際や結婚をとらえていない点では共通しているといえるでしょう。

人生領域の意思決定支援に「結婚」が含まれる時代へ

では、今日どのような視座でこの問題にアプローチすべきなのでしょうか。

厚生労働省社会保障審議会障害者部会で検討されている「意思決定支援ガイドライン（案）の概要」[12]には意思決定の内容（領域）の（2）人生の領域に「住む場所、働く場の選択、結婚、障害福祉サービスの利用等」（傍線は筆者）とあります。これまで支援課題とはとらえられていなかった結婚が、居住、就労、障害福祉サービス利用と並んで意思決定の内容に挙げられているのです。つまり、人生の選択に関わる計画を立案する相談時（例えば学校を卒業し社会に移行していく際に行われる移行支援会議や個別の支援計画策定にかかわる計画相談）に、「住む場所の希望は？　働く場所は？　どんな障害福祉サービスを利用したいですか？」などと当事者の意向を伺うことと並んで「結婚はしたいですか？」と聞くことが当たり前になるということです。「グループホームで暮らしたい」と言った当事者に利用可能なグループホームに関する情報提供や入居するための諸条件を説明するように、「就労したい」と言った当事者に求人のある就労先を紹介したり、就労するために必要なスキルを身に着けるための訓練プログラムを受けさせたりするように、「結婚したい」と言った当事者に、結婚相手を見つけるための情報を提供したり、結婚相手を求めている異性を紹介したり、結婚するためにはどのようなスキルが必要で、それをどのように身に着けるのか、どのような条件が必要なのか説明したり、訓練したりするサービスが当たり前になるということです。

これは、夢物語でしょうか。

実際にこうしたサービスを行っている事業所があるのです。

知的障害者の地域生活移行を進めてきた社会福祉法人南高愛隣会は、2003年結婚推進室「ぶ~け」という自主事業を立ち上げ、希望する利用者の恋愛、結婚・パートナー生活、子育ての継ぎ目のない支援を行ってきました。先行研究からもわかるように、入所施設や通勤寮を経営する法人が地域移行した障害者の結婚生活支援を行う取り組みはこれまでも行われていますが、法人事業として恋愛から子育てまでの組織的継続的支援体制をつくり実施している点で、この取り組みは出色の存在です。

知的障害者が、子ども期の憧れを超えた現実感をもって交際や結婚を考えられる時が来ています。

次章では、結婚推進室「ぶ~け」の事業はどのようなものか見ていきます。

第2章

結婚推進室「ぶ～け」の事業

―「FUKUSHIの中心で愛を叫ぶ」

社会福祉法人南高愛隣会結婚推進室「ぶ〜け」の事業は、法人ホームページ[13]で概要を知ることができます。この章では、法人入社4年目の若手職員が同じ障害福祉業界で働く仲間に発表した講演によって紹介します。

法人は、10年間の結婚推進室「ぶ〜け」事業を見直し、その成果と今後の課題を探るとともに、若手の人材育成も視野に入れた、「ぶ〜け」支援委員会という組織を立ち上げました。2015年12月に開催された「九州ネットワークフォーラム2015」での「結婚推進室を若い視点から見つめてみた！」と題する「ぶ〜け」支援委員会代表井上量子さんの発表です。

知的障害者の恋愛や結婚・子育てはタブーか

私は大学を卒業し入社して4年目となります。

南高愛隣会では1年目から5年目までの若手職員に対して様々な事業所で経験を重ねるためのジョブローテーション制度を導入しており、私はその真っ只中にいます。1・2年目は放課後等デイサービス、3年目は生活介護事業所、そして現在は共同生活援助事業にて生活支援員をさせていただいております。そして、南高愛隣会には恋愛から子育てまでの幅広いニーズに対応し愛する人との暮らしをサポートしております結婚推進室「ぶ〜け」という事業があるのですが、その事業を若手職員が集まり横からサポートしようと結成した「ぶ〜け」支援委員会に昨年から所属することとなり、勉強させていただいております。そんな私から南高愛隣会の法人自主事業として行っている結婚推進室「ぶ〜け」や「ぶ〜け」を通しての若手職員の活動、自分自身の価値観の変化などについて発表させて頂きます。

その前に、みなさんにお聞きしたいことがあります。「みなさんにとって幸せってなんですか？」どんな時に幸せを感じますか？　仕事で褒められた時ですか？　社会参加をし地域の方々と関わるときですか？　子どもや家族と過ごしているときですか？　映画を楽しんだり旅行をしたりしている時ですか？　あるいは好きな人と過ごしているときでしょうか？　さまざまな場面で皆さんは幸せを感じていると思います。

では、障害者の恋愛や結婚についてどう思いますか？　こんなことを感じている方はいませんか？　その話題には触れないようにしている。支援の仕方がわからなくて不安だ。タブー？　できっこない。応援する勇気がない。考えたこともないし、上司にそんなこと言えない雰囲気だ……

私も実は入社前恥ずかしながらそんなことを思っていました。障害者の恋愛はあるにしろ結婚や子育てなんか考えたことがありませんでした。でも、皆さんの事業所にも恋愛や結婚に興味がある利用者さんはいませんか？

「遅かったばい」という利用者の声から始まった

南高愛隣会では「誰のための福祉か」を第一に考え、障害のある人たちの声や願いに寄り添い支援を行ってきました。法人の歴史など先輩方からお聞きする中で利用者の声をいくつか教えていただきました。利用者さんの声に後押しされ地域移行を目指し、町中で数人の仲間と一緒に暮らすグループホーム。地域の中で暮らすことができて幸せだろうと思っていたところ、ある女性の利用者がこのような言葉を言われたそうです。

「遅かったばい」

みなさんこのメッセージはどういう意味だと思いますか？　実は、当時、愛する人との生活を送られていたのはごく数人でした。この女性はそんな数少ない友人たちを見てこういわれました。「私もあんな風に好きな人と出会い、結婚し、子供を授かり、幸せな生活をしたかった。でも、歳から考えると子供はもう授かれない。遅かったばい。悲しい。」

当時は、障害者の恋愛に対して蓋をするような、積極的ではなかったのです。しかし利用者の声こそが「ふつうの場所で愛する人との暮らし」への熱い思いだったと気づかされ、積極的に愛する人との生活を応援し始めたのでした。

すべては利用者さんの声から始まったのだと考えさせられました。

「愛する人との暮らし」を望む人が増えている

南高愛隣会は、年に1回長崎県下の福祉系大学の教授や学生に協力してもらい、グループホームのサービスを利用している方々にアンケート調査を行っています。その中に「将来あなたは誰と暮らしたいですか?」という質問があります。ここでみなさん**円グラフ**をご覧ください。太枠部分に注目です。ここは何を表しているでしょうか。

全体の中で半数を占めるのは、愛する人との生活を希望している方の割合です。しかも、その数値は年々増加傾向にあり、利用者さんは普通の場所で愛する人との生活を望まれているようです。私もこの結果を教えていただく前はこんなにもニーズが高いと知りません

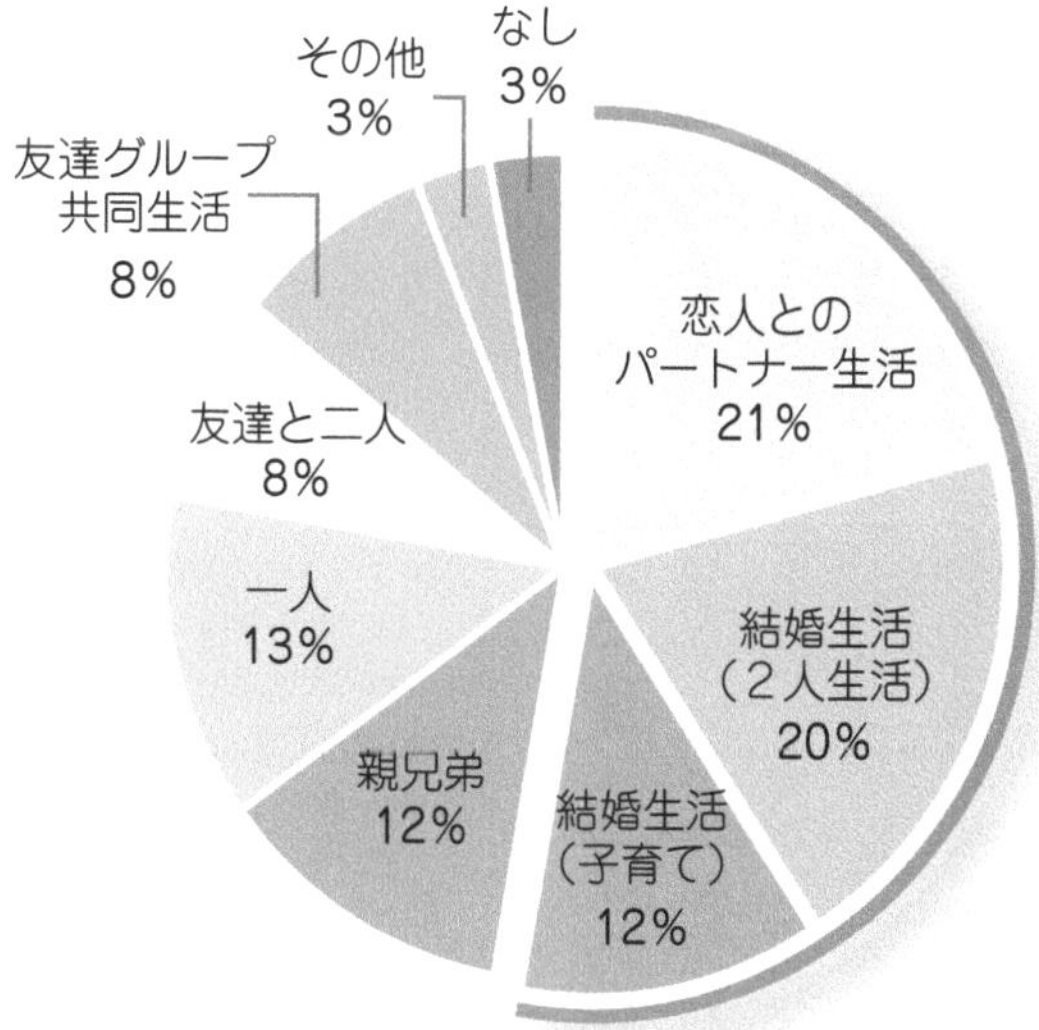

図1　希望する将来の暮らし

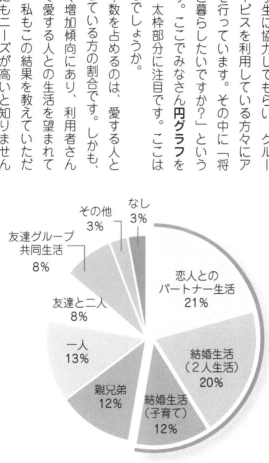

でした。確かに、当たり前だと思います。私も恋愛や結婚をし、子どもを育てたいと思っているようにみんなもそう思っていると気づかされました。このような利用者さんの声に応えるべくできた事業所があります。それが結婚推進室「ぶ～け」です。

結婚推進室「ぶ～け」の組織体制

発足は、平成15年、今年で12年目になります。制度にはない「恋愛に関する支援」は平成15年より前から行われていましたが、相談室を構え、支援を始めたのは平成15年からです。現在の登録利用者数は200名です。障害のある方たちの「ふつうの場所で愛する人との暮らし」を実現するために、登録者同士の出会いのチャンスを創り、交際が始まった後も交際のフォローアップや、愛する人との暮らしづくりを応援しています。子育てや家族生活に至っても、豊かな暮らしが続くようサポートもしています。

平成27年4月の登録利用者の性別や年齢、障害支援区分を見てみますと、「ぶ～け」に登録している人の男女比は約3：2で男性が多く、年齢は20代～70代までいます。30代と40代合わせて全体の60％くらいです。私が一番驚いたのは区分に関する割合です。きっと軽度の人ばかりが登録しているのだろうと思っていましたが、区分3の方が意外と多く区分3～区分6までの重度の方の占める割合が半数を超えていることにビックリしました。どんなに障害が重くても、愛する人と寄り添いたいという願い・希望があるのだと気づかされました。

「ぶ〜け」の組織体制は、２名の「ぶ〜け」専任職員と、14事業所に各１人の「ぶ〜け」担当者が置かれています。そして、それぞれの事業所に属するグループホームの世話人や生活支援員、ヘルパー、相談支援事業所などを巻き込んで包括的な支援を行っています。そこに法人の様々な事業所から抜擢された私たち若手職員で構成された「ぶ〜け」支援委員会が「ぶ〜け」本体を横からサポートしようと微力ながら試みております。

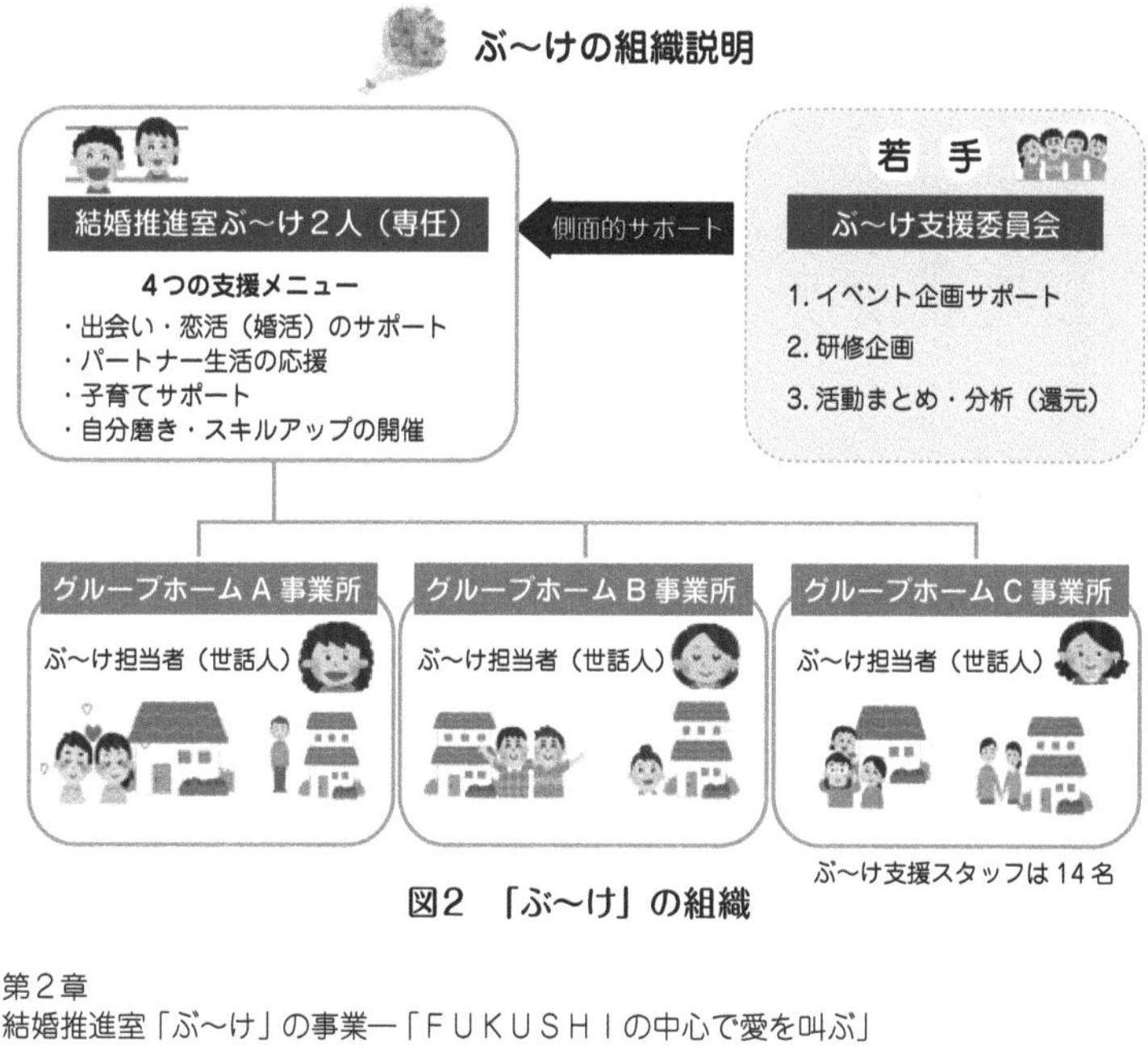

図2　「ぶ〜け」の組織

「ぶ～け」スタッフ、6つの支援姿勢

「ぶ～け」スタッフさんが大切にしている、支援に対する姿勢は次の6つだそうです。

①「人を愛する」ことを尊び見守っていく。
②愛する人ができた場合、職員の個人的な価値観を押し付けない。「本人の思いを大切にする」ことを基本に進めていく。
③本人の意見と親・家族と意見が違った場合は、本人の意見を優先する。
④本人たちにとっては、パートナー生活と結婚生活は同じであり「愛する人との暮らし」という表現に統一をはかる。
⑤「命の尊厳」を厳守（本人たちの思いに添い、個別に丁寧に支援していく）「命を授かることは大切である」
⑥同性愛についても非難や差別をせず、愛することの尊さを共に喜び、守っていく。

利用者さんの思いに寄り添い、利用者さんの意思を尊重し、黒子となってサポートしている姿は、わたしたち若手職員も忘れてはならない姿勢だと考えさせられます。

一人ひとりの幸せのかたちは違うのは当たり前で、その違いは否定せず、全力で応援する姿は利用者さんやその親御さんの信頼をも勝ち取るものとなっています。

出会い・恋活のサポート

結婚推進室「ぶ〜け」は主に4つのサポートをしています。ひとつずつ説明させていただきます。

1つ目の支援は**「出会い・恋活のサポート」**です。

『彼氏・彼女がほしい！』『好きな人がいるけど、どうしたらいいの？』『喫茶店に一緒に行く友人がほしいなぁ』という声にお応えして、イベントを企画し素敵な出会いの場を提供したり相談をおこなったりしています。イタリアンレストランを貸切りにした食事会、映画館での映画鑑賞、ホテルの宴会場を貸切ってダンスパーティーやクリスマスパーティー、男女が自然と触れ合えるしかけをつくった「ラブ♥キッチン」等、様々なイベントを企画・運営しています。いかに多くの参加者が交流し、好きな人に出会えるきっかけを作り上げるのかが最も難しく大切な支援になります。

図3　出会い・恋活のサポート

イベント企画やカップリングだけではなくデートへの助言や家族への相談にも応じております。

図3の写真をご覧ください。左の写真は告白タイムの写真です。テレビで皆さん見られたこともあるかもしれませんが、意中の相手に思いを伝える「告白タイム」になると、前に出てきた男性を遮って「ちょっと、まったーーー」という声があちらこちらでかかります。しかし、利用者さんの中には自分から言い出せない方も多くいます。そのためイベントの最後にアンケート用紙に意中の相手の名前を書く覧がありますし、「ぶ〜け」スタッフも近くにいますので個々に相談に応じています。

右側の写真の二人は、長くおつき合いをしているペアです。この二人寄り添っている表情は、普段とは違います！　最高の笑顔です。他の方々もイベント中の笑顔はとても生き生きとされ、通常の生活の場とは違って見えます。

既におつき合いをされている方もイベントに参加して後ろから見守り、さらに良い関係を築けるようにアドバイスをしています。

さらに、結婚やパートナー生活に移行していくうえでの、性に関する支援やお試しの同棲生活＝「生活実習」も希望するカップルに提供しています。

夫婦・パートナー生活の応援

2つ目の支援は**「夫婦・パートナー生活の応援」**です。

夫婦、パートナー生活をされている方が相談室に来られることもありますし、「ぶ～け」担当者がホームに伺うこともあります。パートナー生活の悩みに対し、一緒に考えていきながら、「愛する人との生活」をいつまでも幸せに過ごせるようにやさしく見守り、サポートしていきます。また、「井戸端会議」と言って、お互いの愚痴を言い合ったりする場も設けています。

図4の写真をご覧ください。結婚披露宴の様子です。ケーキに入刀する笑顔のお二人。幸せそうですね。このように結婚披露宴の企画を本人さん達と一緒に考え、形にするのもサポートのひとつです。お披露目会がきまってリビングでくつろぐ二人は素敵な笑顔です。10年間で37組のカップルが誕生し、幸せな日々を送って

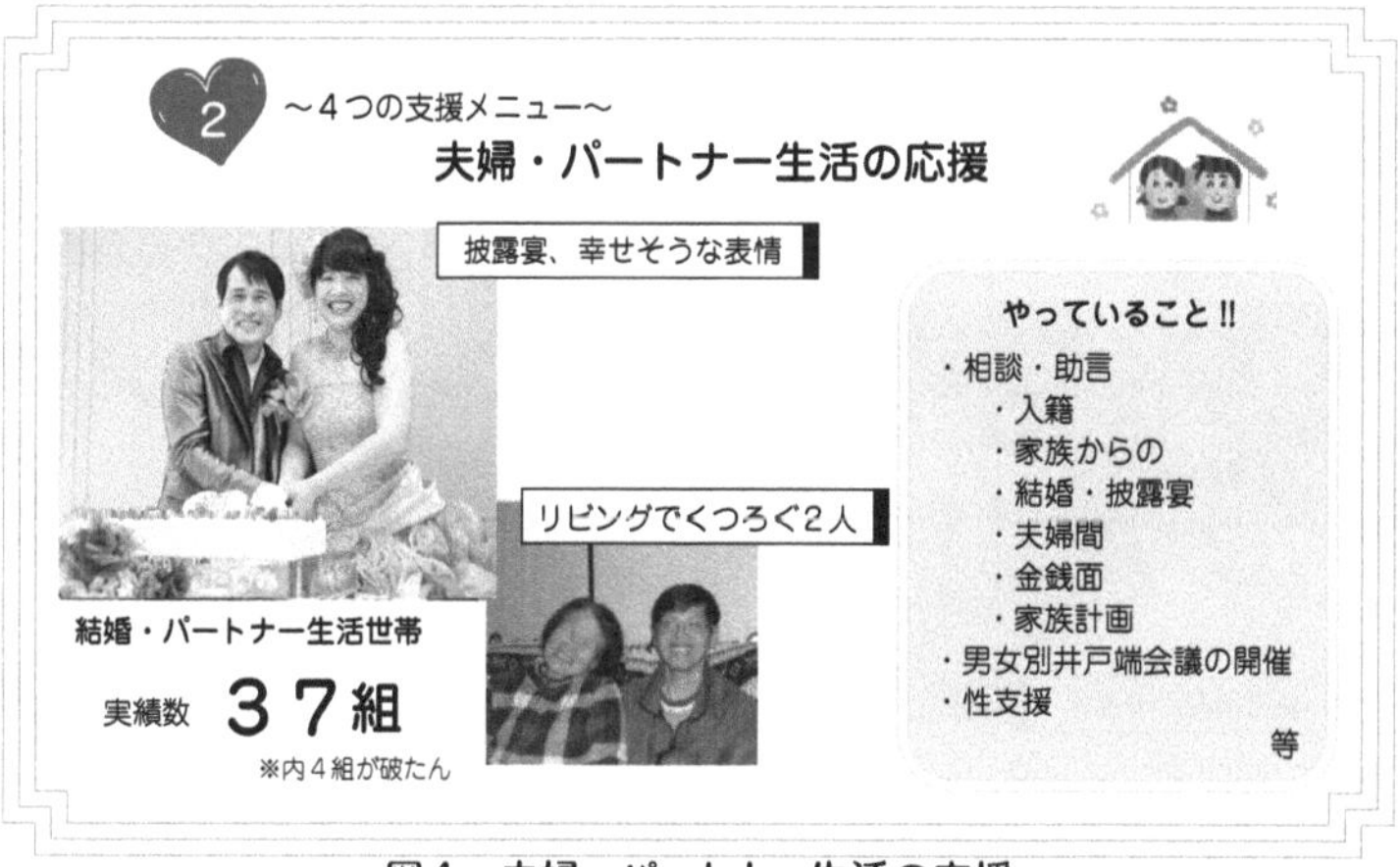

図4　夫婦・パートナー生活の応援

います。

　残念ながら、破たんして別れてしまったカップルも4組ありましたが、そうした方も引き続き「ぶ〜け」に登録されて、フォローアップや再度のお相手探しなどされています。

子育てサポート

　3つ目の支援は**「子育てサポート」**です。

　子育て中のお母さん、お父さんの育児の悩みを聞いたり、支援担当者へ成長に応じた支援の助言をしたりします。親子を取り巻く環境や状況によって、必要な社会資源の活用や関係機関とのネットワークづくりも行い多面的にサポートしています。

　また、お父さんやお母さん、そして子供が何組も集まる「おひさま会」、や温泉旅行で一杯飲みながらの「パ

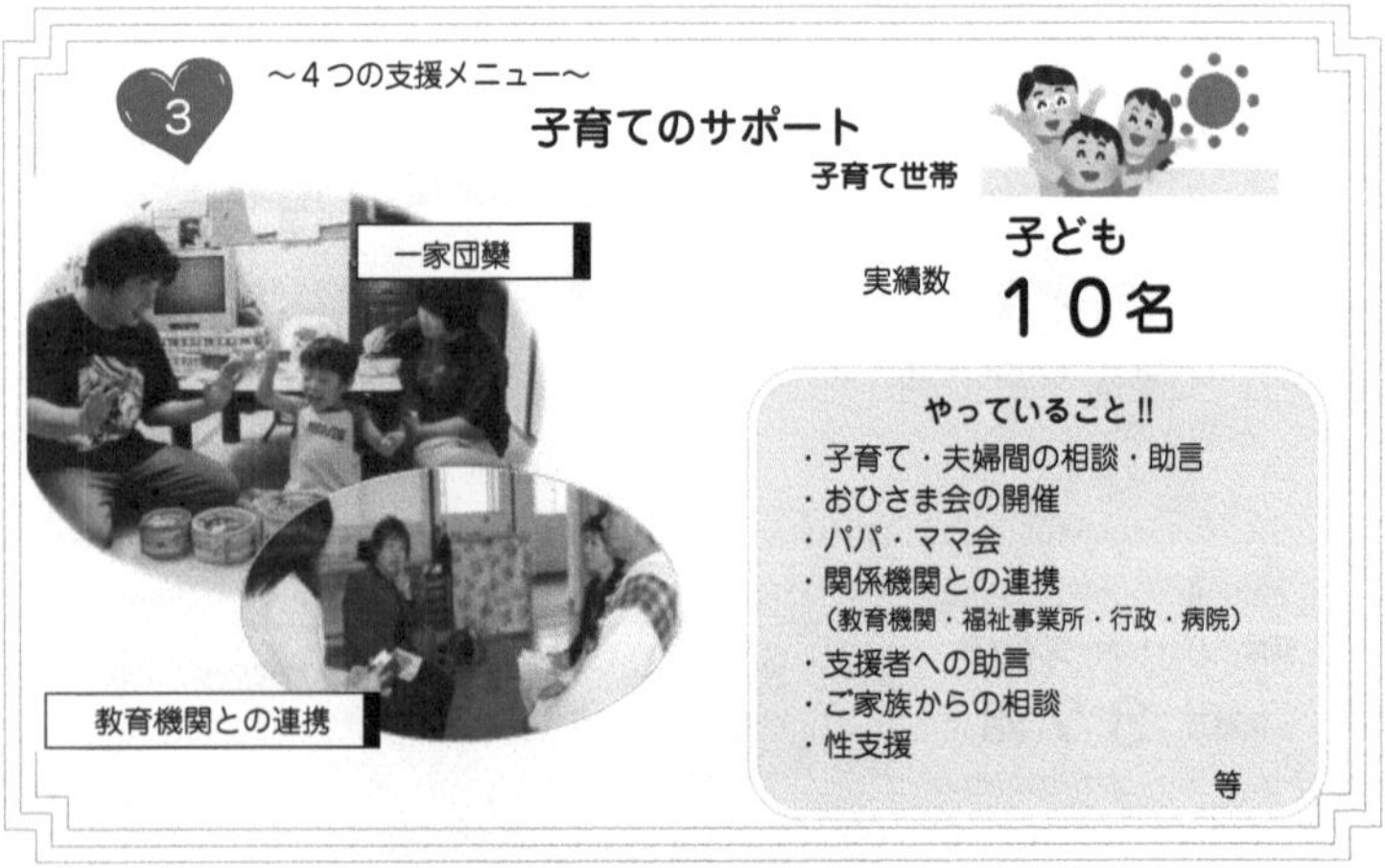

図5　子育てサポート

パ会」、旦那の愚痴で盛り上がる「ママ会」等を開き情報交換や悩み相談の機会ともなっています。現在7世帯の家族が楽しく生き生きと子育てをしております。

自分磨き・スキルアップ

最後に**自分磨き・スキルアップ**について紹介します。

おつき合い中のカップル、夫婦・パートナー生活、子育て中の方が、仲間同士で楽しみながら、「モテ続ける」ためのテクニックを学んでおります。例えば二人の時間を楽しくするデートのスキルアップや男性らしさ、女性らしさに磨きをかける為のおしゃれスキルアップ、そして妊婦体験や育児体験などです。

図6の写真はネイルに関してプロに教えてもらっている様子です。もっと輝く女性を目指して必死にスキルアップを目指しています。その他にも、食事会での

〜4つの支援メニュー〜

4 自分磨き・スキルアップの開催

モテるためのテクニック講座

専門事業者を招いて楽しく学びます。
例：お肌のお手入れ
　　テーブルマナー
　　ファッションコーディネート
　　等

図6　自分磨き・スキルアップ

マナーを学ぶ「テーブルマナー」等様々な企画を行っています。

このように様々な支援を行っているのが「ぶ〜け」です。「ぶ〜け」はまだまだ発展途上の段階です。利用者さんの更なる幸せの実現のため日々努力していかなければならないと「ぶ〜け」室長は話します。結婚推進室「ぶ〜け」は、若手の支援委員会も関与するようになって2年目となります。ベテラン担当者だけでやっていた時と少しずつ変わってきていて変化の時期です。

若手職員とベテランのタッグ

昨年から入社4年未満の若手職員で「ぶ〜け」支援委員会が結成されました。

若手にできることは何か。実際にイベントに参加させていただき、その中で気づいたことをみんなで話し合いより良いものになる様企画してきました。イベント後には必ずアンケートを取り、効果測定を行い、次のイベントにつなげています。しかし、「ぶ〜け」の支援を行っているスタッフはベテランさんが多く、タッグを組むことでの苦労も数々ありました。

「ぶ〜け」の支援は多種多様ですし、プライベートなこともあるので、人権に配慮した支援が大切です。そのために「ぶ〜け」スタッフ向けの研修も企画し実施しています。以前のスタッフ研修は、講師の話を聞くばかりで、ベテランの「ぶ〜け」担当者の世話人さんからは「きつかばい」との声があがるような研修会でした。世話人さんの姿を見ていると、話をしながら皆の意見を取り入れ解決していっていることに気づきました。そこで、研修会もベテランさんの強みである「話す」ということに焦点を当てて、グループディスカッションやロールプレイを取り入れていくと、「今回の研修は面白かったばい」、「改めて考えるきっかけとなったばい」などと言ってもらえるようになりました。

イベント企画に関しても、以前は公民館でのイベントやただ全体で食事し「花より団子」的な状態になることが多く、もっと男女が関われるようなイベントが必要でした。利用者さんにアンケートをとると、利用者さんは若者向けの活動を求めているのだと気づき、ベテランさんに若者向けのイベント企画を提案しました。しかし、「体力的に支援者がきつかばい」との声が出されました。ウォークラリーでたくさん歩くので世話人さんがついていけないとか、イベント会場が広すぎて歩くだけで疲れてしまう等、世話人さんの体力面や能力面を考慮せず企画を作ったためです。それからは、ベテランにも配慮し、世話人さんが得意なことを取り入れた企画を考えたり、マッチングに対する支援に力を注げるよう利用者さんの好みや相性などを調べて情報提供したりしています。

まだまだ、試行錯誤段階で難しさも感じていますが、現在は、若手のイベントを考える人とベテランさんのイベントを運営する人とがイベント開催前に事前に集まり、意見を出し合ってイベントを作っています。一緒に作り上げることがお互いの理解を深め良い関係づくりにもなるし、効果的なイベントにつながると考えています。

若手とベテラン、双方のストレングスを活かして

この2年間試行錯誤ではありますが、ベテランの世話人さんと若手職員がタッグを組むことでそれぞれのストレングスを少しずつ活かせるようになりました。

ベテランの世話人さんは、地域力・察知力・子育て経験・人生経験の豊富さ・親御さんとの関わりに母性などの強みを活かすことができます。そして出会いのマッチングをおこなったり恋愛や子育てや夫婦間の相談に対する助言を行ったり社会生活で大切なことに対する助言が得意です。

若手職員は、専門的知識・企画力・PDCAする力・見える化・フレッシュな思考などの強みを活かすことができます。利用者さんに社会資源活用のアドバイスを行ったり若者向けの効果的なイベントを提案したり、そのイベントの効果測定を行ったり「ぶ〜け」の歴史などの研究や研修企画を行うことで、利用者さんへの還元を目指しています。

このようなそれぞれのストレングスを生かしてよりよい支援につなげていこうとしています。

「ぶ〜け」は若手から人生経験豊かな熟年のお姉さんまで一致団結して支えています。

「ぶ〜け」をみなさんにトスしたい

みなさんの身近にも、そんな人生経験豊かな熟年のお姉さんはいませんか？　グループホームの職員の中に必ず潜んでいると思います。その人をつかまえて一緒に初めてみませんか？　利用者さんの幸せをお手伝いする仕事。愛する人との生活を実現するお手伝い。

私は生活支援員で様々な利用者さんのお宅に訪問し支援を行っています。「明日のデートの服どがんしたらいい？」とか「好きな人がおるとけど〜なんして告白したらよか」などの相談は多くあります。そんな話をすることは以前までタブーだと思っていた私なのですが、今では一緒に恋愛話をしたりデートの服を考えたりしています。「ぶ〜け」支援委員会の活動で自分自身の価値観が変わってきたなと感じています。

ある利用者さんの事例を紹介します。問題行動が多かったAさん。職員はいつも頭を悩ませておりました。そんなAさんから「ある女性とつき合いたい。一緒になりたい」と相談がありました。問題性が高かったことから「できっこない、また問題をおこすに違いない」とはじめは尻込みしていたそうです。しかし事業所と「ぶ〜け」担当が相談し、希望しているのであれば応援しようとチームを組み、本人を信じて二人のおつき合いをサポートし、やがてパートナー生活を始めたのです。するとあれほど問題行動があり、いつも生活の場や職場で落ち着きなくそわそわしていたAさんが職場でも生活でも落ち着きが出てきたというのです。私はAさんのお宅を訪問し「今が一番幸せです」と笑顔で話すAさんと会えて、自分のことのように嬉しく思いました。自分たちの活動が少しでもこうした笑顔につながっていったらいいなと、Aさんのようなカップルの幸せな表情を見るたびに感じております。

最後に皆さんに知ってほしいことがあります。私も最近知ったのですが、障害者の権利に関する条約に誰でも恋愛や結婚をする権利があるとうたわれていました。みなさん一人ひとり幸せのかたちは違いますが、結婚や恋愛をすることは当たり前のことなのです。

利用者の切実な希望から始まった結婚推進室「ぶ〜け」。もっと利用者の声に耳を傾け、たとえ問題行動であっても、それがどういう意味のメッセージなのかこれからもしっかり考えていきたいと思います。

みなさんも取り組んでみませんか？　愛する人との生活を実現するお手伝い。ベテランの世話人さんたちを巻き込んで、まずは小さいことから始めていきませんか？　私はみなさんに「ぶ〜け」をトスしたいと思います。ご清聴ありがとうございました。

第3章

「ぶ〜け」の実際

—6年越しの恋から結婚生活を手にした高城麻央さん

「ぶ～け」の支援はどのように行われているのでしょうか？　平成26年に結婚した高城譲さんと麻央さんへの支援事例を紹介します。資料は「ぶ～け」が記録している業務日誌と麻央さんの個人ファイル、それに麻央さんへのインタビューによります。なお、これ以降の事例はすべてそうですが、収録にあたっては、テキストに起こす段階と原稿にする段階で点検と了解をご本人から頂き、細部は仮想化し、お名前を仮名にしています。

麻央さんのプロフィール

麻央さんは、1歳で両親が離婚、母親が育児をしなかったので、祖父母に育てられました。中学生の最後の年、相次いで祖父母がなくなったことで遠くの県にいた叔母（母の妹）のもとに預けられました。そこで高校に行かず子守をしたり、歩いて1時間もかかるところで内職仕事のようなことをしたりしていましたが、半年後郷里に戻り祖母の弟夫婦(「おじさん、おばさん」と麻央さんは呼んでいる)に引き取られます。療育手帳はその頃取得し、しばらく地域の作業所に通い、その後長崎能力開発センターに入学・入所となったことで、南高愛隣会とつながりました。能力開発センターではそれなりに厳しい訓練を受け、そのまま法人経営の通勤寮で2年、グループホームに移行してからパートナーの譲さんとつき合い6年後に入籍、その1年後に披露宴を挙げました。

二人がつき合い始めてからしばらくたって、「ぶ〜け」に利用登録し支援が始まりました。以下に麻央さんの個人ファイルから「ぶ〜け」の支援経過を見ていきましょう。

1．「ぶ〜け」支援経過記録より

おばさんの反対と「ぶ〜け」が煙ったい麻央さん

平成XX年4／21　「おばさんが反対するので自分は譲さんと一緒になれない」とおばさんのせいにして話している。おばさんに交通費を送って話に来てもらおうと思っているようだった、麻央さんがおばさんの気持ちを受け止めない限り一緒になるのは許されないと話す。

5／8　友人に、「自分たちは『ぶ〜け』で知り合ったのではない、譲さんが通勤寮にいたときにおつき合いをしたいと思ったのでつき合いが始まった」と説明していたので、「ぶ〜け」が関わりながらおつき合いをしているのにどうして「ぶ〜け」を否定するような発言をするのか注意する。「心に思っていなかったことをつい口にしてしまった」と言いわけをする。おばさんに電話を入れるたびにおばさんが立腹される理由が解った。

6／2　「おばさんに電話を掛けたら『勝手に一緒に住めばいい』と言われた」とグループホーム長に相談する。「ぶ〜け」でおばさんに連絡したときに「6月にはいっしょに生活させないでほしい」

と言われたので6月いっぱい様子を見ていようかと思う。
6/20 「二人でパートナー生活の実習をしたい」と相談に来る。麻央さんは誰かからパートナー生活実習ができることを聞き、二人で話し合いをしないまま相談に来たようす。
6/23 「おばさんに電話したら譲さんとのことを反対された」と落ち込んでいた。
6/25 20日に相談に来たとき、おばさんに時々電話するようにと声掛けしておいたが、おばさんから「正月以来譲さんとつき合いをするようになり連絡が少なくなっている」と注意されたことで立腹、「譲さんと別れる」と都合の良いことを言っている。相手に応じて解決していることまで掘り出して相談するような行動がある。
6/25 「おばさんたちに母の日、父の日のプレゼントを贈らなかったので送りたい」と相談してくる。昨年も贈っていないとのこと。思いつきで送っても続かないので止めさせる。
8/22 デートの予定を二人で話し合わせ、計画書を二人で立てる。
9/12 台風の後おばさんに電話をかけ、心配してくれてありがとうとお礼を言われたとのこと。これからもおばさんとのコミュニケーションをとるようにアドバイス。12月まで今のままの状況で生活し、遠出のデートについては月1回、近場については自分たちで都合がつけばデートしてよい。決まりをきちんと守って行くこと等をアドバイスする。
9/14 世話人さんから、麻央さんが「夜のデートをして良いと『ぷ〜け』で言われた」と言っているが、本当かと相談の連絡あり。デートの回数は増やしてよいとアドバイスはしたが、夜のデートは車に乗ることもあり事故になったら危ないので、昼間に会うように言ってあると連絡する。
（翌年2月まで記録なし）

パートナー生活の実習を経て結婚へ

平成XY年2／27　二人の今後のことはどのように考えているか尋ねると、譲さんが6月をめどに進めたいと話されたので、麻央さんのおばさんに自分の気持ちを伝えおばさんの理解をいただけるように話を進める時期であることをアドバイスする。

3／1　麻央さんのおばさん宅に電話。6月からパートナー生活を始めたいこと、そのために電話ではいろいろ話が行き届かないのでおばさん宅を訪問して相談をしたいと持ちかけるが「来なくて良い」と言われる。譲さんの家の状況も知っておられ、麻央さんが譲さんの母親や姉の面倒を見なくてはいけないと思っておられる。それは心配いらないと説明するが聞き入れてくださらなかった。

3／5　麻央さんのおばさんに電話を入れたいきさつをZグループホーム長に説明する。4年間二人はきちんとしたおつきあいができていることを伝えたが、「6月には一緒に住まわせないでくれ」と言われ、訪問も打診したが断られる。

6／26　父の日のプレゼントをおじさんに送りお礼の電話がおばさんからあった際、「譲さんと住んでいるのか」と質問される。おばさんには「話し合いのうえで決めてから一緒に住むことを約束したので、一緒には住んでいない」と話をする。

7/5　麻央さんのおじさん、おばさん、おじさんの弟さん3名で来訪してくださり話し合いを行う。おじさんが譲さんを気に入ってくださり、「譲さんはしっかりした人のようなので麻央さんを任せても良い」と言ってくださり、パートナー生活をはじめることも許して下さる。だが結婚・籍を入れることは反対される。麻央さんのわがままで、もし離婚することになった場合を考えてパートナー生活を勧められたという。二人とも喜んで「ぶ〜け」へお礼の電話を入れてくれる。

7/9　二人の生活の場について、Qグループホームとなっていたが、麻央さんが幼くわがままで自分に都合の良いように言うところがあるので、新しいグループホームに入ると譲さんが大変だと思われる。二人の生活がある程度落ち着くまで今までのZグループホームで支援をお願いできないか、Zグループホーム長に話す。

7/30　明日からパートナー生活実習をスタートするため仕事終了後18時から二人で掃除を行う。パートナー生活を長く続けられるように1週間に一回評価をすることを相談すると二人とも賛成されたので、毎週日曜日19時から行うこととする。明日10時から引っ越し。

8/9　性のことで相談があったので、Q所長から譲さんに聞いていただく。譲さんは「ちゃんとできている」と答えていたが、麻央さんの表情が悪かったので二人にZグループホーム長から話を聞いてもらう。譲さんは何度聞いても「ちゃんとできている」と答えていたが、麻央さんが「本当のこと言ってよ」「なんで私が言わなくちゃならないの」と小声で言っている。二人には性に対しての温度差が大きいようだ。

9/15　パートナー生活をはじめてから、譲さんに対する麻央さんの愚痴が多い。世話人さんの話では、麻央さんが話すことすべてを譲さんが知っているというように返事をするのが麻央さんには不満になることが原因。時々会っているときはすべて譲さんが庇ってくれたことが嬉しかったが、ずっと一緒に生活するようになり、煩わしく感じるようになったのが愚痴になっている様子。

9/20　Mグループホーム長から相談。パートナー生活・結婚生活がどういうものか本人たちがわかっていないのではないか？　先輩夫婦の様子を見学させたり、話を聞く機会を作ったりしたらいいのではないかと相談を受ける。

10/19　最近ではだいぶ落ち着いてきているが、まだお金の使い方が荒いので、休日には外出するのではなく二人で夕食をつくるようにアドバイスしようと思うと相談を受ける。児玉さんへも相談できるようになってきているが、譲さんの麻央さんへの気遣いは変わりないようである。

11/19　二人のホームに訪問。二人の表情がよくなっていた。お披露目会の話になって、お金を貯めておくよう納谷所長がアドバイスする。

平成XZ年6/30　(「ぶ〜け」来訪相談）早く籍を入れたい、と相談があったため、おばさんたちの意見を無視しても大人なのだから自分たちの気持ちで進めてよいことを話す。譲さんはおばさんに相談したい様子で、お盆に帰省した時におばさんに相談するとのこと。

平成YA年6/1　麻央さん、来訪。3日に児玉さんと結婚式場に打ち合わせに行く。披露宴は秋に行う予定とのこと。

こうして、二人はめでたく平成26年6月に入籍、11月に結婚披露宴をしました。

2. 高城麻央さんインタビュー

わがままを全部受け止めてくれた

麻央さんになれそめを伺うと……

麻央：主人のお姉さんが通勤寮に一緒にいまして。そのお姉さんに主人が会いに来て、その時に私に一目ぼれしたみたいで。私その時は全然知らなかったんですけど、その前に彼は「ぶ〜け」に登録していたんです。私は全然知らなかったし、通勤寮は恋愛禁止だったので、私がグループホームに入るまでの2年間待っていてくれたみたいです。それでグループホームに入ったらすぐ「つき合ってください」の告白の電話があって。それでつき合いました。

平井：二年間旦那さんは待ったわけですね？

麻央：はい。そうです。

平井：最初のデートは？

麻央：よくおぼえてないな。あっ諫早の干拓の里ですね。最初二人きりでつき合うのは原則としてだめだったので。最初そこで会って交流を深めたらどうですかってことで。

平井：千拓の里に行く「ぶ〜け」のイベントですね？

麻央：そうです。そこに行きまして、ふたりでボートに乗ったりアイスを食べたりして。お互いになんて名前を呼ぼうか、とか話しながら（笑）。でも最初は私、主人をなかなか好きになれなかったのですが、だんだん接していくうちに好きになっていきました。

——しかしその後、支援経過記録で見たように、麻央さんのおじさんおばさんからの反対にあうことになりました……

麻央：おつきあい自体も反対されていたので、ずっと泣いていたんです。そんな時に電話をかけてきてくれたんです。1回アパートの子機を使いすぎて怒られちゃったときがあるんですけど。ならばケータイを買いなさいって言われて買ったのはいいですけど、そこで勝手に買ったっておばさんにまた怒られたりもしました。同じ会社のケータイ同士だったので、どんなにかけても無料通話のアレをしてもらって一時間半ぐらい話して。『もうどうしたらいいのかな』『もう別れるしかないのかな』って。『そんなことしなくていいよー』って『じゃあどうしたらいいんだろう』って。何度も何度も電話して。『そこであきらめてしまったら絶対ダメ』って言われて。今は30（歳）ですけど、その時まだ22（歳）ぐらいだったので、あっちは33（歳）ぐらいで落ち着いてたんですけど。私がまだギャーギャー言っていたので。『だったらもうどうすればいいの！』って、ずっと泣いてて。『もう知らん』って言って、私も。

平井：譲さんは、それを全部受け止めてくれたとお聞きしましたけど。

麻央：そう。『頑張ろうよ。まだつき合ってもいないんだよ、僕たちは』っていうように。『そんな簡単にあきらめたらダメ』って怒られもした。おばさんに『別れなさい』って何度もしつこく言われたけど、やっぱり好きになってしまった以上はどうすることもできないって、ずっとグループホームでは泣いていましたね。

平井：そこで「ぶ～け」の支援があったの？

麻央：そうですね。大体4年ぐらいつき合いましたね。納谷のおばちゃんが『いつ一緒になるの？あなたたちは』みたいな感じで言うので『私のおばさんが許してくれないんです』って。『でも一緒になりたいんでしょ』って言ってくれて。相談して。それでここまで来ました……

―譲さんは、食肉会社に勤めて肉の解体作業に従事しています。ハンサムで見かけが若く、35歳の時に15歳くらいに見えたとのこと。免許を持って車に乗っているが、少年と間違われて職務質問を受けたこともあるそうです。12歳年下の麻央さんをとても大事にして、今でも毎朝バス停まで車で送ってくれるそうです。そんな優しさが、おばさんの心を動かしたようです。それまでは譲さんからの手紙を読んでもくれなかったおばさんが、譲さんと会ったことで態度を軟化させました。しかしおばさんの本当の心配は、麻央さんのわがままさや情緒的な不安定さから、結婚してもすぐに別れるようになるではないかという不安だったのでしょう。おばさんの不安を和らげたのが、「ぶ～け」のパートナー生活実習というシステムでした。実際に一緒に暮らしてみてわかるお互いの食い違いや性の悩みにもグループホームの世話人（大方は女性）とともに事業所職員（男性）や「ぶ～け」専任らが関わり、先輩夫婦の話を聞く会なども企画して支えていきました。

夫婦生活の費用は二人で出し合う

まだ若い二人、麻央さんの働く職場では年長のおばさんたちに冷やかされることしきりだと、少しのろける麻央さんでした……

平井：家計はどうしているんでしょうか

麻央：通帳は別々に持っているんですよね。だから日用品なら日用品、小遣いは小遣い。あっちは車の免許を持っているので、だからガソリン代とか。別々にしていたんですけど、夫婦だから別々に使うのはおかしいって言われて、つい最近一人当たり4万。4万おろして、二人そろって8万。で、そのなかから1万ずつとって、その1万円は二人のお小遣いにして、その1万円のなかから自分でほしいものはそれで買って、6万円の中から日用品、私お弁当毎日作っているので、お弁当代とか、日用品、洗剤とかトイレットペーパーとかはその6万円の中でやりくりしなさいって言われて。それになる前は二人の間で金銭トラブルは結構多かったです。今は落ち着いています。今のところは

平井：お小遣1万円で大丈夫？

麻央：大丈夫です、はい。お弁当代とかもちょっと節約してますしね。バーゲンセールで安いときとか。

平井：4万ずつ出して、8万で、1か月の生活をやりくりしているわけですね。

麻央：はい。
平井：グループホームの使用料は別ですよね？
麻央：それは、徴収金っていう。アレで引かれてます。光熱費とか。南高愛隣会がアパートを借りているので、光熱費とか水道代とかも、請求書が来るので。
平井：8万円の方は……
麻央：それもちゃんと家計簿も別につけます。自分たちの小遣帳とか。そして、残ったお金は、今旦那さんの名義で郵貯の通帳を作っているんですけど。それに残ったお金を入れて貯まったら、たとえば旅行に行ってもいいし、免許取りたいなら免許取りに行ってもいいし、好きにしていいよということで。今は新婚旅行に行くことを考えています。
平井：そうか、新婚旅行まだ行ってないのね。
麻央：新婚旅行というより家族旅行ですね。今は沖縄に行きたいと考えています。
平井：家族旅行ってどういうこと？　二人だけじゃなくて？
麻央：家族旅行っていうより私のおばさんと、おじさんと招待して。そして私の弟の奥さんと、今二人いるんですけどお子さんが。そのお子さん二人と、譲さんのお母さんの妹さんですね。お二人いるんですけど、その方たちとみんなで旅行に行きたい。まぁ二人で行くのも楽しみなんですけどみんなで行ったほうがいいなと思ってですね。たぶんお金結構いると思うんですけど。
平井：えらいなあ！

性生活と子どもをもつ夢

平井：ちょっと性生活のことも聞かせてください。どうですか？

麻央：私たちの場合はどっちでもいいんですけど、よく旦那さん炬燵で寝るんですよね。でもやっぱどっちかがその気になれば。私がたまにその気になって、「どうしよう」って言えば、あっちが疲れていても「いいよ」って言ってくれる。「いいよ、疲れとっとやろ」って言っても「よかよ。無理して我慢してたら体に悪いけん。いいんだよ」って。たまにそういうのもあるんですけど。あっちが求めてきたときは私も対応して。

平井：えらいね。やっぱり相手のことを思いやるってことだね。

麻央：どんなにきつくても、休みの日、土曜日とか時間を決めて。お風呂も一緒に入るんですけど。この前、私が指をけがしたとき。会社のダイサーで指をスパンと切ってしまって。その時も洗ってもらったりしたときはすごくうれしくてですね。なんていうかな。洗ってもらうと、こう優しさが伝わってくるんですよ。ちょっと恥ずかしかですけど、自分で言うとちょっと恥ずかしい。

平井：分かる。分かる。

麻央：疲れていてもお互いを知るにはそういう行為も必要なのかなって思って。

平井：具体的な話で申し訳ないんですけど、あなたから誘うときには「どうする？」って聞くの？

麻央：「どうする」っていうか……はい。

平井：彼からはなんていうの？

麻央：くっついてきますね。

平井：行動で示すわけね。

麻央：抱き着いてきて「なんか、あーもう、なんね」っていって。「ふ〜ん」って言って、なんかこうもにょもにょするからですね。離さんとですよね、くっついて。くっついているだけで本人いい時もあるみたいで。夏はうっとおしいんですけどね。「暑苦しか！」って言って（笑）。

平井：本当に具体的な話をありがとうございました。子どもはどう考えていますか？

麻央：うちの主人は二人だけでいいよって言ってるんですけど、なんかちょっと怪しくて本心ではないと思います。でも一回だけ問いかけてもあっちは優しいので、たぶん気遣って言ってくれているんだと思います。でも一回だけ『子供ほしいな、かわいいよね』って言っていたことがあって。結婚の次は子どもについて、許可がいるかな？　でも自由が欲しい。たぶんまだいいかなって、まだそういう時期じゃないかなって。許可がいるのかなって……

――ここまで話して、少し言いよどみ、麻央さんは次のように語りました。

麻央：私の場合はおばさんたちからいい加減何でも、子どものこととかも反対されなければいけないのかなって。もうおばさんのアレではないので、「あんしん家族」にも入っているので。その辺はほっといてくれないかなって感じで。子供を産もうが産むまいが。縛られたくない。絶対ダメとか、結婚のそのあとのことはもうほっといてくれないかなって。自由になりたいです……

―麻央さんの心の揺れ。新婚旅行に一緒に連れて行きたいというおばさんへの感謝の気持ちを持ちつつも、「もうほっといてくれないかな」と言う麻央さん。離家・自立に伴う誰もが通る葛藤を麻央さんはこんな言い方で表現していました。

「あんしん家族」の児玉ファミリー

麻央さんが話していた「あんしん家族」とは、元々は田島顧問等が親代わりになっていた身寄りのない利用者のために成年後見などの権利擁護や日常生活支援を行うNPO法人障害者後見・支援センター「あんしん家族」のことです。この団体の事業の中に「ファミリー」というユニークな取り組みがあります。グループホームに入居して普段は仲間と和気藹々生活している人でも、盆暮れになると寂しさに襲われるときがあります。それは、同じグループホームの仲間が盆暮れの休みに実家に里帰りするときです。両親のいない麻央さんのような人には里帰りできるところがありません。施設やグループホームでは、餅つきやら初詣やら様々な行事を用意してくれますが、迎えにきた親と帰って行く仲間を見送る時は孤独を感じると言います。施設職員やグループホームの世話人さんは、親身になって相談に乗ってくれたり親のように心配してくれたりしますが、いずれは別部署に転勤していったり担当を変わったりする人です。そんな隙間を埋めるような取り組みが「ファミリー」です。ファミリー担当という有志と利用者が家族のような関係を結ぶことで、制度にない生活支援を行うというものです。具体的には盆暮れを一緒に過ごしたり、家族的な旅行に同行したり、冠婚葬祭に参列したり、それこそ親子や家族が日常的にしている些事から人生イベントまであります。[14]

さて、麻央さんは、児玉さんという方のファミリーとなっています。麻央さんが児玉さんについて語ったことを紹介します。インタビューに答えての話ですが、かなり長い独白となりました。

麻央：前私たちのアパートの担任だった児玉よし江さんっていう職員さんがいるんですけど。その方が自分から「ファミリーになります。あなたたちの家庭はちょっとややこしいから親代わりになります」って言ってくれたときはホントに嬉しかった。他にも職員さんはいっぱいいるんですけど、児玉さんっていう職員さんは本当にお母さんみたいな感じで。ファミリーで旅行に行ってアウトレットに行った時も食事代とかボーリング代とかも全額出してくれて。２ゲームとか言いながら結局４ゲームもしてしまったんですけど。私がインフルエンザになった時もヨーグルトとかバナナとか頼んでもないのに買ってきてくれて。「もう食べてしまった？」って聞かれて「食べてしまいました」って言ったら、「今度はプリンがいい？　ヨーグルトがいい？」って聞いてきてくれて「もうよかです」っていって。結構買ってきてくれて。「お金は大丈夫やけん。あんたが元気になってからでいいけん」って。私中学生の修学旅行で小遣いを２、３万円ぐらいもっていたんですよ。ホテルでお菓子ひと箱１、２００円ぐらいのしか買ってなくて、夜になってみんなで寝て、朝になったらお金が無くなってしまっていたんですよ。お金を預けた人が同じ生徒だったんですよ。なんとか委員さん、そういう人たちにみんなの財布を預けていたんですよ。そしたら一晩のうちに全部お金が無くなってしまって。結局何も買えなくて。でもリーダーだった人の財布を見ると、お金がたくさんあって。もしかしたらその人がとってしまったんじゃないかなって、でも疑うわけにはいかないって。先生達に「あなたが全部使ってしまったんじゃないの」って疑われてしまって。私はホテルのレシートも見せて「1、200円しか使ってません」って。なのに信用してくれなかった。

でも児玉さんたちは信用できるんですよ。子どものことも「おばさんが反対しているようであれば説得します」みたいに言ってくれたんです。結婚式のこともおばさんは『来ない』って言っていたんですけど、『来てください』って必死に説得してくれたんですよ。怒られながらも。私おばさんには何も言えないのに児玉さんが親身になって言ってくれたのがうれしかった……

—お金というキーワードから、途中修学旅行のエピソードが挿入されますが、児玉さんへの信頼をこうしたエピソードとの対比で語る麻央さんでした。

譲さんと麻央さんは、こうして結婚生活3年目の春を迎えています。

3．麻央さんのライフコース

麻央さんのライフコースを概観すると、両親の養育に替わる祖父母のもとでの少年期、中学生最後の年に襲われた相次ぐ祖父母の死とそれに続く生活の激変、療育手帳を取得し郷里を離れて単身寮生活を送るようになった能力開発センター時代とそれに続く通勤寮やグループホーム、就労継続支援A型事業所で支援付き就労と生活を送るようになった青年期の約15年間、人生の半分を南高愛隣会の傘のもとで過ごしたことになります。これまでの人生の大きな岐路は、祖父母の死と中学卒業によって一気に世界が変わり能力開発センターへ入学した時と、譲さんと結婚生活を始めた時でした。

人の人生は、同心円状にその人を包む3つの要因とタイミングによって左右されると考えられています。

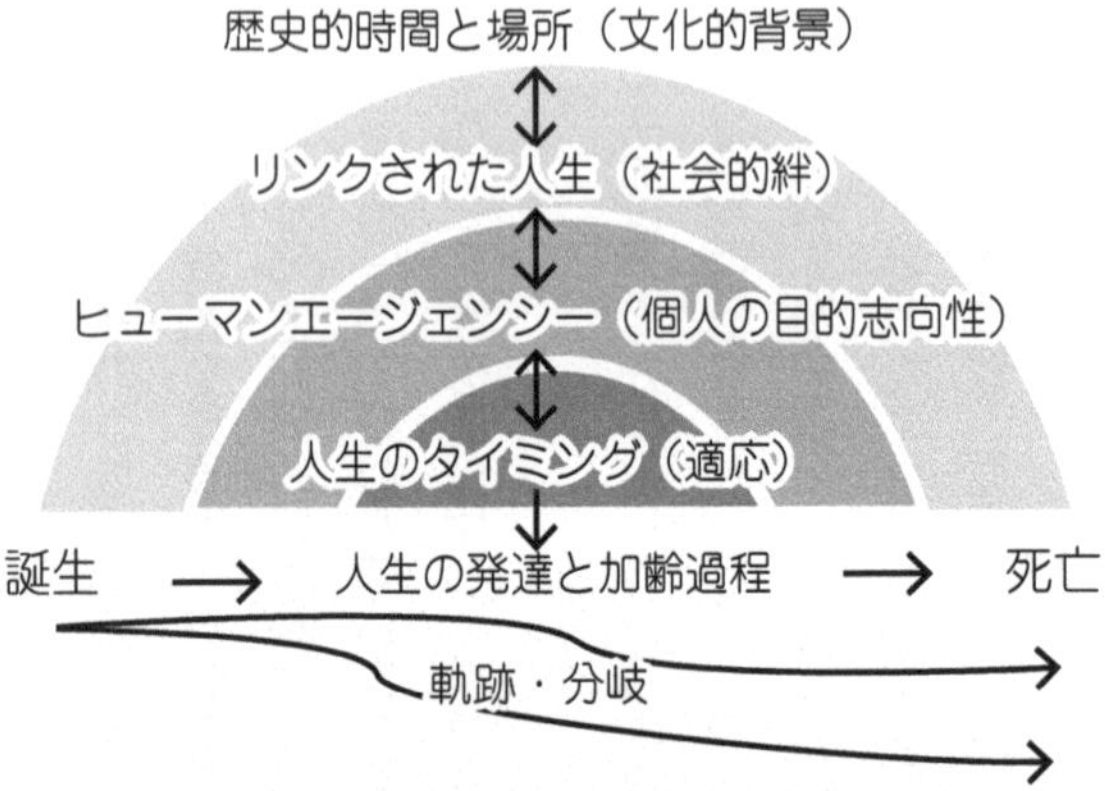

図7　Janet Z.Giele によるライフコース・パラダイムの図[15]をもとに筆者加筆

一番外側は、歴史的時間と場所（文化的背景）です。その内側に他者とのリンクされた生活（社会的絆）があります。内側にはヒューマンエージェンシー（個人の目的指向性）があります。（**図7**）

歴史的時間と場所（文化的背景）は、その人が生まれ落ちた地域・国の歴史的文化的環境、制度や風土です。麻央さんは少年期を離島で暮らしています。話を伺った感じでは知的な障害は軽いと思われます。中学校を卒業し島を出て、しばらく母親の妹さんの家に行ってから療育手帳を取得していることから推測すると、離島という条件が麻央さんの障害の発見を遅らせていたのかも知れません。しかしそれよりも、麻央さんの人生にとって大きな意味を持つ歴史的時間と場所（文化的背景）は、第三セクター職業訓練法人長崎能力開発センターが存在していたことです。このセンターは知的障害者を対象として、その特性に応じた能力開発訓練を行うことにより、就労及び雇用促進を図ることを目的に設置された職業能力開発促進法にもとづく施設ですが、これまでの「身体障害者雇用促進法」から名称が「障害者の雇用の促進等に関する法律」となり、知的障害者も適用対象となった1987年に開校しています。第三セクター法人の経営となっていますが、敷地は南高愛隣会のコロニー雲仙の隣地にあり、職員も南高愛隣会からの出向者が中心となっています。（2016年度から南高愛隣会の経営に変わりました）。入所施設から利用者を社会に送り出すことが施設の使命と考えて、施設と企業が連携する重度障害者特別能力開発訓練事業を実施していた南高愛隣会が中心となって設立したのが能力開発センターだったのです。そこでの体験とそこで得られた人とのつながりが麻央さんにとっては決定的な要因となりました。

それは同時に、他者とのリンクされた生活（社会的絆）となりました。譲さんとの出会いもそうですし、第9章で紹介する山路美香さんとの友情もこのセンターと、生活の場であった通勤寮・自立訓練施設での体験の共有によっています。リンクされた生活（社会的絆）には、児玉さんや「ぶ〜け」担当者、グループホームの世話人や職員といった伴走者が付き添います。このような伴走者の存在が、麻央さんの人生を励まし見守り後押しする役割を果たしていることは、これまでの「ぶ〜け」日誌やインタビューで明らかです。

そして、麻央さんの人生にとってさらに意味を持つ要因は、麻央さん自身のヒューマンエージェンシー（個人の目的指向性）です。これまでのところ、麻央さんのヒューマンエージェンシー（個人の目的指向性）は、わがままと情緒的な不安定さの中で、伴走者からの統制と援助を得て初めて有効に発揮されているように見えます。「ぶ〜け」は「危うく、わがまま」な麻央さんと譲さんのつきあいに、統制的介入（見守り）をしつつ、「おじさん　おばさん」との間に入って調整し、やがて決断を促していています。言い方を変えれば、ヒューマンエージェンシー（個人の目的指向性）を統制・援助し、「社会的な絆」の調整を図りつつ、「適応のタイミング」を見計らい促していた、と言えるのではないでしょうか。

しかし、譲さんとの結婚生活を始めたこれからの人生において、麻央さんのヒューマンエージェンシー（個人の目的志向性）における自己決定は、より重みを増すと思われます。これからの夢は子どもを持つことだと言っていました。この点では、「許可がいるのかな?」と言いつつ「子どもを産もうが産むまいが関係ないって感じが私の中にありますね。縛られたくない。自由になりたい」とも言う若い頃のやんちゃな一面も垣間見せています。一方で「苦労しているからこそ今がある。やっぱり苦労しない人間は、後ですごい苦労することになるんじゃないかな」と、大人びた語りもできる麻央さんにとって、どのタイミングを活かすかがこれからのライフコースの分岐点になるのだと思います。

第4章

「愛する人との生活」を推進する「ぶ〜け」にかける想い

―田島顧問に聞く

施設は、そこを出るためにある

南高愛隣会は1978年、島原半島雲仙普賢岳の北陵、瑞穂町に入所授産施設「雲仙愛隣牧場」を開設しました。「コロニー雲仙」と称し、そこに家族ともども住み込んだ田島良昭顧問（初代理事長）は、障害のある人達と寝食を共にすることで、入所施設での生活がいかに「特別な生活」であるということを身に染みて感じたと言います。そして一刻も早く障害のある人達が「ふつうの場所」で安心して暮らせるための様々な実践を行ってきました。ボーイスカウト仕込みの野外訓練なども取り入れた就労を目指す職業教育は、周囲から「スパルタ教育」と見られることもありましたが、入所施設から地域の生活へ移行するための徹底した取り組みは着々と成果を上げていきました。筆者は、若い頃観たコロニー雲仙の記録映画「じぶんで働いて生きるために」（1987年東京映像工房）に登場する田島顧問の熱血ぶりに感動したことを覚えています。

田島顧問は、その後宮城県知事の浅野史郎氏に請われて宮城県福祉事業団理事長として「船形コロニーの解体」に着手することになります。2002年11月に「船形コロニー解体宣言」を発し入所施設から地域への移行を推進しましたが、その手法には批判も多かったことでしょう。浅野知事の退任、福祉事業団と社会福祉協議会等との合同を経て田島顧問は宮城での仕事にひと段落をつけました。田島顧問の去った後2006年、宮城では合同した宮城県社会福祉協議会会長に就いた浅野史郎氏と村井新知事との協議、及びみやぎ保健医療福祉プラン策定を受けて、新たな船形コロニーの行く末が方向付けられました。それは「施設解体の表現は使わずに、ノーマライゼーションの理念に基づいて、地域移行を推進する。2010年の目標年度にはこだわらず、利用者本人の自己決定を尊重し、家族等の理解や支援を得ながら地域生活移行を進めていく」[16]というものです。

利用者の地域移行の取り組みは、その規模の大きさや地域性から単純には比較できませんが2016年の現在に至っても入所者300名を擁する施設であり続けている宮城の船形コロニーを尻目に、長崎のコロニー雲仙は2007年3月、入所更生施設「コロニー雲仙更生寮」と入所授産施設「雲仙愛隣牧場」を閉鎖し、すべての利用者をグループホーム等の地域共同生活に移しました。

そんな障害福祉の歴史を作った田島顧問を、法人雲仙事務所の役員室で待ちながら、部屋を見上げると、「理念」と書かれた毛筆書きの額が飾られていました。今はなき「コロニー雲仙更生寮」にかかげられていたその額には、「一、生かされた人間ではなく、自ら生きる人間に」と書かれていました。利用者に向けた言葉です。人は誰もみな「生かされて」この世にあらわれます。やがて成長し「自ら生きる」ようになるのですが、真に「自ら生きているか」と問われると誰もかなり怪しくなります。まして障害があり、周囲の保護・介護の中で生きる人生は、「自ら生きる」人生にはかなり成り難いでしょう。それを利用者に課したということは、保護・介護の提供者としての福祉事業者たる自分たちへの戒めに他なりません。そんなことを考えていたところへ、顧問が入ってこられました。

2015年3月13日夕刻、東京での仕事から帰えられたばかりの田島良昭顧問に結婚推進室「ぶ～

け」開設のいきさつと想いを伺いました。

田島家の娘として嫁に出した人もいたが、気づくのが遅かった

田島顧問：気付くのが遅かったといいますか、やはり自分たちの考え方が非常に遅れていたと思います。というのは、男女7歳にして席を同じゅうせずというような世界で育ったものですから。だから、施設に入所してきた若い人たちの間で性的な問題などが起こるということに一番心を痛めていてですね、それで厳しく接したというところもありました。

つらかったのは、施設の中ではある程度そういう問題が起こることは未然に防ぐことができたのですけれども、社会に出すと、特に女性が知らないところで知らない人たちとのあいだで傷付いて、そして妊娠していたり、性的な虐待を受けたりというのがあって、実は、そこは本当に人様にお話しできないつらい思いをしたことがありました。特に私が親代わりになっている人たちは、家族のない人たち。お父さんとお母さんと呼んだことがない、施設で育ったなど、ある意味では一般的な人生を歩んできた人ではなくて、とても不幸な状態だった人が多いものですから、女性はきちんと嫁にやりたい。男性は、いい嫁さんをもらわせたいという思いはありました。

ここは、田舎なものですから「どこどこ家のところの娘さん」というのは、その子が嫁に行ったあと生活するときに、実は案外大切なのです。そういうこともあって、障害者というよりも、普通の女性として田島の家から嫁に出すことにしました。そして、嫁に行った先は農家だったものですから、本当に一生懸命農家の嫁さんとして頑張って。周りからも「ぜひ、うちにも欲しい」という話も来るようになりました。

平井：そうですか。何人ぐらい結婚されて。

田島顧問：私のところから出したのは、3人ですね。そういう幸せな結婚事例もありましたが、そうではなく突然妊娠がわかるようなこともありました。それまではしかたなく堕ろすことを勧めたりしていましたが、今から24～25年ぐらい前になりましょうか、その頃に妊娠したとわかった子がいて、そこで、もう子どもを堕ろさせるのはやめようと決めたときがあるのです。

―遠くを見るような目をして、田島顧問は静かに語り始めました。それは正月前の餅つき準備の時だったといいます。餅つき準備をほっぽり出して田島顧問の奥様と利用者4人が温泉に行ってしまったそうです。「餅つきを放り出して温泉とはなんだ」と怒った顧問に、奥様は「もしかしたら、あの子は妊娠しているのではないか」と疑って他の子たちも一緒に誘ってお風呂に入り確かめようとしたのだと話しました。本人に聞いてみると妊娠を告白したそうです。

「私は産みたい」……ある女性の妊娠

田島顧問：慌てて、グループホームの健康チェック表を取り寄せてみると、生理があったことがきちんと記載されているのです。「いや、どうもこれから見ると違うみたいだ」と言いながらも、正月空けて4日にすぐ家内が病院に連れて行ったのです。そうしたらもう5か月目に入っているという話でした。当時グループホームを担当していた松村も担当の世話人も家内も集まってどうするかと。本人に「どうする？」と聞いたら、本人ははっきり「産みたい」というのです。「なんで、生理がこないのにこんなうそを書いたの」と聞いたら、「子どもができたというのがお父さんに早くわかれば、お父さんが子どもはおろせと言うでしょう。だから、できるだけわからないようにしていた。自分は産みたい」というのです。その子は家族がない子ですから、家族の団らんみたいなものを全く知らないで育っている子なのです。ですから、子どもが欲しいという思いも余計にあったのかもしれません。ただ、もう一つの理由は、相手の男性を好きだったと言うのです。だけど、相手が誰かは言わないのです。性的被害を受けて妊娠したわけではなくて、お互いに好き合ってそうなったと言うことらしいのです。「相手の人に迷惑をかけるから」と言って、かたくなに口を閉ざして。

相手を聞き出そうという私たちのねらいは、その相手も含めて説得して子どもをおろさせようという思いなのです。そういう下心を彼女はわかっていたのですね。たぶんわかったのだと思う。だから、私の顔を見ないのです。後ろを向いて座るのです。うちの家内や松村や世話人さんが何とか聞き出そうとしても、本人は固まって頑としてしゃべらない。

その時、私は言いました。「これ以上やめよう」と。

「我々は福祉の仕事をしていて、しかも子どもを育てる経験を持っている。家内も子どもを育てているし、何人も子どもを育てた世話人さんたちがいる。職員の中には保母の資格を持っている人もいる。なのに、子どもが生まれたあとのことを心配するあまりに子どもをおろしてしまうというのはどうだろう。あの子がこうやって自分の体とお腹の中の子を守っているのを見たら、それを引っ剥がして病院に連れて行くなんてことはできないではないか。子どもは、神様からの授かりものだからみんなで育てよう」と。

すると家内は泣いて言うのです。「あんたは、かっこばっかりつけて。この子がそうやって子どもを産んで育てるっていうのがどんなに大変か。どうやって育てるの」と。

しかし結局は、その子の意思を受け入れました。他の利用者にもいろいろな影響があるのではないかということで、少し離れたところに空いていた家があったものですから、その子だけそこに住まわせ、そこに家内が一緒に住み込むという形で出産準備に入りました。子育て支援チームというのをつくって松村たちがフォローしたり皆さん手伝ってくれたりしたのですけれども。今度は我々夫婦が別居になりました。息子と私がこっちの福祉ホームで生活して……

二人のシングルマザーの出産・子育て支援

平井：そういう「ぶ〜け」誕生前史のようなエピソードがあったのですね。

田島顧問：それだけではないのです。そうして他の利用者と離して生活していたのですが、子どもを産むためのいろいろな準備をしているということを、本人があちこち言い歩いているのです。我々は隠しているのですけれど、本人は友だちみんなに「産んで良かっ！って言わした」と。「お父さんが、うんと言うたよ」と。それでもう「子ども産むぞ」と言ふらしているわけです。我々はそれを知らなかったのです。そうしたら、またすぐ今度は、「妊娠しました」と言ってくる子がいました。

平井：別の利用者さんですか？

田島顧問：別の子です。それもわざとというか、私の前に来るときにわざとお腹をおさえて、さもそろそろと自分のお腹に子どもがいますというような顔をして歩く子がいまして（笑）。その子はまた何か月か遅れて子どもを産むということになって、ちょうど子育てしている1番目の子の出産したあとに次の出産準備のための子が一緒に生活することになり、少し遅れて次の子が

生まれました。

その2人を育てていく中で、うちの家内も松村たちも、それからほかの職員たちも、案外自分たちはできるものが多いのではないか。子どもが生まれたらどうするのだ？　父親がいなくてその子だけでどうやって子どもを育てていけるのだ？　と、そういうことをすごく恐れていたのですけれど、やればできる、と考えが変わったのです。

その前には、性的被害を受けて被害者として産まざるを得なかった子もいて、その子どもたちは乳児院に行っているのです。子どもを産んだら、産んだ時点で福祉のほかのところに預けていた。そのことを嘆き悲しんでいた。本当に心を痛めながら専門の施設にお願いするしかないと思っていたのですが、初めてこの二人の出産、子育て支援をやってみたら「なんだ、自分たちでできるではないか」と。周りの応援団が多くて、私などもう行かなくていいというぐらいでした。

いわばこの2人が南高愛隣会の子育て支援を切り開いたと言えます。

平井：もうそのお子さん達は成人されているのですよね
田島顧問：はい、もう雲仙を出てそれぞれ独立しています。2番目の子が就職先へ引っ越していくときに我が家にやってきて、言ったのです。

「お母さんが、すごく大変な思いをして自分を育ててくれました。今度は、お母さんが幸せになるように応援をしたい」と。「だから、お父さん」（私は爺の役割だったのですけれど、その子が「お父さん、お父さん」と言うものだから、）「お父さん、お願いだからお母さんが幸せになるのを応援してやって」とその娘が言うのですよ。本当にそれを聞いたときには嬉しかったですね。

となりに愛する人がいる人は輝いて見えた

平井：「ぶ～け」を作った直接のいきさつは、ご著書「施設解体宣言から福祉改革へ」にも書かれていますが……

田島顧問：そうですね。そういう体験をしながら、きちんと社会人として働いていて、これなら大丈夫だろうという人達は結婚させていたのですよ。そういう人たちが、3組か4組かできていた頃、平成14年11月に内閣総理大臣の表彰というのをいただいたのです。家族や私が親代わりをしていた50人少し超えるぐらいがみんな集まりお祝いしてくれたのですけれど、そのときに並んでいる人たちをこう見ていて「あれ？」と思ったのですよ。
なんとなくくすんでしまったおじさんおばさんになった人たちが結構いるのですよ。そうかと思うと、光り輝いている人がいるのですね。なんでこんなに違うのだろうと思うくらい違うのですよ。よく見ると、結婚している夫婦者なんかは、結構光り輝いているのですね。自分だけで子育てしている人たちも本当にいきいきしているのです。ところが、ほかの人は、もっと若いのに、社会に出て10年も15年もたつような人たちが、なんとなくくすんだような姿に見える。お酒飲みながら見ていて、「なんでこんなに違うのかな？」何が原因だろうかと思いながら見ました。はっと気づいたのが、隣に愛する人がいない。まだ、結婚していないのにすごくいきいきしている人たちもいるのです。それは私が知らなかっただけで、彼らは好きな人がいてこっそりつき合っているのです。見ればわかるのは、そういう人たちはぺたっとくっついて座っている。

平井：はいはい、「ぶ〜け」のイベントでもわかりました。つきあっている人同士とそうでない人とでは座る位置が違いますね（笑い）

田島顧問：平成14年の年末にそう感じて、すぐ、正月に職員が全部集まったときに、私たちは間違っていたと宣言したのです。だから、今から愛する人と寄りそって生活できるものを考えようと。寄りそいというのはどういうことか。結婚も一つの方法だけど、誰かと誰かが好きになったら一緒に生活する、俗に言う同棲というやり方など。

ただ、男と女が一緒に生活というのがみんなの受け止め方としては強かったのですけれど、私が言っているのはそうではない。愛する人は誰ですかということなのです。重い障害を持っている人たちにとっては一番愛する人はお母さんなのです。だから、お母さんと寄りそって生活できる仕組みを考えようと。

愛する人との暮らしに反対する親は敵だ

田島顧問：それから、男性が女性を、女性が男性を好きになったらそれはそれでもいい。それから男性同士の人や女性同士の人もいい。お友だちという関係でもいい。とにかく、誰でもいいから、ただ隣に愛する人がいるという生活を目指そうと言っているのですけれど、なかなかそこが、みんなにわかるのに時間がかかりました。結婚させるために親の承諾を得なくてはいけないから、親が反対するのをどうしたら説得できるか納谷なども最初の頃はそこでずいぶん悩んでいました。私からはそんな人がいれば積極的に応援しろと言われるし。しかし親の意見を無視してはできないし。そこで、親の会の総会のときに「今日からあなたたちは敵になる」と宣言したのです。今まで私たちは、親の願いを第一番に聞いて子どもを育てた。子どもを育てるためのパートナーとして今まで親御さんたちを見ていましたけれど、愛する人との暮らしを実現するということに反対する人は私の敵です。徹底的に戦う。子どもの方を応援します、と。実は本当にそれまで、本人さんたちが結婚したいと思っても、親が反対して潰れたということが何件もあったのですよ。

平井：どこでも結婚が進まないのはそこだと思うのですよ。グループホーム生活で親御さんがいない場合は結構進むのですけれども、親御さんがいて在宅の方の場合は親が一番のネックになっています。

田島顧問：私たちがだんだんわかってきたことは、親はやがてこの子たちと離れるときは必ずくるということです。現に今も100を超える子たちが親を亡くしています。あるいは、親が高齢になられて子どもたちを見ることができなくなっている。反対に誰かに診てもらわなくてはいけない親たちもたくさんいるのです。そういう摂理を親御さんたちにわかっていただく。職業だけでなく親業も定年制にしたらどうかと。子どもを思う思いだけは残しても、子どもを1人の人間として自立した生活をさせるべきではないかと。

一生懸命親御さんたちを説得しました。それでもわかっていただけない親御さんたちがいましたから、私は、「ぶ〜け」の担当者達に「無視してやれ」と言いました。ただ妥協したのは、「結婚式は親がうんと言うまで待て。ただし、2人で生活するぞ」それです。

平井：それで、入籍と結婚式（披露宴の場面）が離れているカップルが結構多いのですね。

お試し婚「生活実習」の導入

田島顧問：結婚式については、やはりできるだけ多くの人たちにお祝いをしていただいて、みんなに祝福されて結婚したほうが本人も幸せなのではないですか。ところが結婚式だけに憧れているような人もいるのですよ。式だけ。本当は相手の男性や女性はどうでもいいっていうような人もいたり（笑）。だから、できるだけお試し期間をとって、それで本人さんたちが一緒に生活する。言うなればお試し婚みたいな。今では「生活実習」と呼んでいるようですが。しかしそれは、周りが大反対でしたね。

平井：でしょうね。私も、マッチングのために就職をする前の現場実習があるように、結婚にも実習期間はあってもいいのではないかと頭の隅では思っていたのですけれど、本当にやっているとは驚きでした。

田島顧問：それは、本当に大反対でした。きちんと結婚式をあげて誰からも認められてから性的な行為をすべきだという考え方は、私の世代ではもう染みついた道徳心ですから。

私がこれでは駄目だと思ったわけで、そこはみんなに一生懸命説得しましたが賛成者が1人もいないのですよ。だから、みんなに言ったのです。

「この人たちが、もしそうやってお試し婚やって、それでそれがうまくいかないときに、どれだけ不幸になるのか？　今より不幸になることはない。今が一番不幸なのだよ、この人たちは。ひとり一人ばらばらの生活して、しかもくすんで。女性は女性だけでグループホームに住んで、男性は男性ばかりグループホームに住んで、疑似家族みたいなのをつくって、それでよかったって言っているほうがよっぽど不幸なのではないか。

好きな人と一緒に暮らすことを試してみて、それでうまくいかずに別れるということになったとしても、なんにもそういう体験をしなかったときに比べれば、それだけで幸せになっている。だって、一緒に生活したいと言っているのだから。実際やってみようや」と。

24年前は「フジュンイセイコウユウ」だった

実際にはこの人たちはすごく慎重です。今は結婚している人たちも。たとえば、瑞宝太鼓団長の岩本君には、仙台に来た度に私は「彼女に告白したんだろうな」と聞いていました。彼はグジュグジュ言ってるだけなのです。好きな人がいることはわかっていたのですが3年経ってもまだ言いきらんのです。だから、「お前、今年の秋までにきちんと言わなかったら、親子の縁を切る」などと脅かして（笑）。それで、岩本君は意を決してプロポーズしたというエピソードがあります。なぜなのか？　それは彼らが、失敗体験をたくさんしていることに理由があるのだと思っています。人を好きになったり、人から愛されたり愛したりというそういう経験がないのです。だから、自信をもてないのですよ。好きな人がいるのに言えない。そんな時、少し背中を押してやる。あるいは、こう言うと案外スムーズにいくよということをアドバイスする。それから、なによりも男女のおつき合いをする。

そういうおつき合いができる機会を用意してやるのが「ぶ〜け」です。

やってみて驚いたのは、私から見るとびっくりするような組み合わせが出てくるのです。あるとき、「この人とつき合いたい」と、「ぶ〜け」ではなく私のところに言ってくる人がいました。入所施設時代からお互いを知り合っている二人でした。「へえ。それでなんでそんな好きな人がいたのに、もっと早く言わなかったのだ」と言ったら「言った」というのです。「いつ、言った？」「24年前に言った」と。「ええ！　24年前か？」と言ったら、そのときに「謹慎と言われた」というのですね。「フジュンイセイコウユウ」ということも言われたそうです。

平井：顧問は忘れていたんですか

田島顧問：言われて思い出しました。それは、彼が納屋だったか牛小屋だったかの中で女性とべたっとくっついていたのを職員に見られて、それで注意をされて、それで当時は不純異性交遊ということで謹慎処分にしていたのですね。「そのときに、好きと言ったではないか」と彼は言うのです。そして、その時からずっと好きだったと。

平井：24年間ずっと思い続けてきていたのですね、すごいです。

田島顧問：ずっとです。そうですよ。本当に申し訳ないと思いました。でも、彼はその後、その女性と結婚しましたから、なんとか罪滅ぼしできたと思っています。

例え別れても、愛する人と過ごした経験が大切

平井：感動的なお話をありがとうございます。ちょっとお話ししづらいかもしれませんが、結婚生活やパートナー生活をされてうまくいかない事例もおありになると思いますが……

田島顧問：概ねはうまくいったのですけれども、二組うまくいかなくて……。

一組は、8月のお盆の頃に、夜中に田んぼの中を誰かウロウロしているという話が入ってきました。あちこちから、「どうもお宅の方みたいですよ。夫婦者の亭主の方が水田の中に入ってるんですよ」と言うのです。それで、亭主に「何しょっとか?」と聞いてみたら、「ヘビを捕まえんと探してる」というのです。マムシを捕まえてきて、焼いて食っているという話なのです。「なんじゃそれは!」というので、びっくりしていろいろ聞いてみたら、結局奥さんの欲求が強いものだから、それに応えるためだったんですね。

平井：そうなんですか。

田島顧問：そうなんです。50歳を過ぎてから結婚したものですから。

平井：涙ぐましい。

田島顧問：そうなのです。私なんかもびっくりして、「えーっ」と言いました。結局、毎日求められる。そうすると、それに応えようとするものですから、マムシがいいそうだというので、マムシを

自分で捕りに行っていたのです。非常に危険なことです。

平井：命がけで。

田島顧問：命がけなんです。実は後で知ったのですが、蜂の子もいいということで、蜂の巣取りもしていました（笑）。それで、笑うわけにもいかないし、とにかく、できるだけ無理をしないようにすべきではないかとか夫婦にずいぶん説得して話したのですけれども。結局、「性格の不一致」ということで別れることになりました。

平井：そうですか。今はバツイチが当たり前の時代だから、たとえ離婚をしても、やはりそういう幸せな時期があった、人を愛する気持ちを持った時期があったということが大事だと思うのですよね。

田島顧問：大事だと思います。そういうことを恐れて何もなしの人生を送るというよりも貴重です。今は別れた亭主もすごく幸せそうです。彼はもう60ですけれども、「どう、またいい人がいたら探せ」って言ったら、「はい、また探します」と言っていました。私は1年でも2年でもいいから、そういう体験をすることが彼らにとっては非常に大事なことだと思います。そうすると、また新たにいくつになっても自分の愛する人を見つけようという意欲が出てくる。だから、意欲を持たないというのはやはり一番つらいことです。そして、1年でも2年でも、その期間はやはり彼らは幸せだったのです。命を懸けて、マムシを探した。マムシを探して歩くのなんて、私たちは真似しろと言われてもできないです。

子どもの頃からの想いをついに実現したカップル

田島顧問：もう一組は、結婚してから亭主が暴君になってしまった例です。それまではとても優しい男だったのですが、女房をもらってから気が大きくなった。結婚してから数年経ったころ、女房の方の顔が腫れていることがある、足を引きずって歩いているということを職員が発見しまして、聴いてみても「いや、その辺で転んでけがした」などと本人は言うのだけれども、「どうもおかしい」ということで発覚しました。

周りの人から「理事長、あんたが教えたんじゃあないか」などと言われる（笑）。「家で威張りくさって、奥さんに、「おい、お茶」などと言って、ああいうのが影響したのだ」と言われていたりしたのですけれども、私は家内に暴力を振るったというのは一度もないです。

平井：はい（笑）。

田島顧問：そして世話人さんたちが訪ねてくるのを嫌がる。「もう自分たちのところにそんなに来んでいい。自分でやるから」と言うのです。世話人を拒否するようになった。それでよく聞いてみると、女房の方は別れたいという気持ちが強くありましたので、結局離婚することになりました。

平井：そのお二人は、その後……

田島顧問：亭主の方は、「あいりん」に入り再訓練からはじめて、グループホームで、今は一人暮らししています。女性の方は、つい最近再婚しました。

平井：それは良かったですね！

田島顧問：はい。この正月に結婚して夫婦で挨拶に来ました。本当に若返って、初々しい花嫁姿で本当に幸せな様子でした。男性は2つくらい年下なのですけれども。実は養護学校の子どものときから先輩を好きだったのだそうです。憧れて彼女がここ雲仙に来たので、その子も雲仙に来たというのです。そんなことも、我々は全然知らなかったのですが。

平井：その話も良い話ですね。ぜひご本人たちに直接話を聞かせてもらいたいと思っています。ところで、結婚生活の支援と言ってもほとんどの部分は、共同生活援助つまりグループホームの支援と同じ枠組みで出来ると思いました。しかしやはり夫婦生活、性生活の部分が特別なところだと思うのですが、この点二組のうまくいかなかった例をお話しいただきましたが、他にはどんな支援事例がございますか？

模範青年と敬虔なカトリック教徒の夫婦仲

田島顧問：そうですね。働くことに関しても生活面でも非常に模範青年とも言うべき男と気立ての良い女性との結婚事例がありました。結婚して2～3年はよかったのです。二人して手をつないで歩いていたりして夫婦仲も良さそうに見えたのですが、ある時この亭主が女子高校生を追い掛け回すという事件が起こったのです。「なんで?」と思いました。

どうしてそんなことをしたのかと聞き出していったら、どうやら夫婦の間でセックスをしていないことがわかりました。どうしてかというと、女性の方の気立ての良さに原因があったのです。それは、女性のほうが育った環境なのです。女性は、18歳まで養護施設で育っているのですね。それもカトリック系の施設で育っています。そこでシスターにすごく大切にされ、とてもいい性格な女性に育てられました。ところが一つだけ問題だったのは、性はタブーの生活をずっと教え込まれていたことです。だから、セックスになると嫌がり逃げるというのです。たとえばお布団に入り一緒に寝る、抱き合って寝る。そこまではできるのですけれど、そこから先へ進まない。男性側にしてみれば生殺しにあったような状態で毎夜過ごすわけです。悶々として2～3年。そのストレスが外に出てしまったということなのです。表面的というかその他の日常生活は2人仲よく生活していて、女性の方は大好きな男性と一緒になり、周囲に「幸せ、幸せ」と言っているわけです。ところが、男性にしてみれば幸せではない。性行為自体が一度もないのですね。「どうしていたのか?」って聞いたら、結局自分で処理していたと。

平井：先ほどのマムシさんとは反対のケースですね。

田島顧問：3年もの間全く性行為がなくて、我々が見るといつも腕組んで2人でにこにこしながら歩いているわけですから、全く気付かなかったですね。我が国では私たちも実は性教育はきちんと受けていないのですね。それで、雲仙でも性教育というのはあまりしていなくて、なんとなく自然に男性と女性は性的こともできるようになるだろうぐらいにしか認識していなかったのですね。それから夫婦に性的なものがいかに大切かなんていうことを教えたりしました。女性には子どもを何人も産んだ経験のある世話人さんたちが、一生懸命アドバイスをしたのです。しかし、心のどこかに罪悪感みたいなものがあって喜んでできない。男性側は、女性が嫌がらない方法を我々も勉強して、本人と一緒に風呂に入り一生懸命具体的に教えたり、自分の息子には一度もしたことないような話を汗だくでしたりしました。

平井：今度は顧問が涙ぐましい努力を……

田島顧問：それから、そこのところは慎重になり、どういう家庭でどういう具合に育って今があるのかというのもしっかり把握するようにしました。

平井：夫婦のかたち、特に性生活のあり方はひと組ひと組みな違うでしょうし、それは通常他人には語られないことですから、教えることが難しいですよね。

福祉から零れ落ちた人たちへのアプローチ

田島顧問：雲仙には、触法障害者のための施設もありますが、そうした中には性についてものすごくルーズな家庭で育ってきている人もいます。きょうだいが5人、10人などという家庭も結構ありますけれど、結局子どもの前で親が性行為を平気でしている。おじさん、おばさん、きょうだい同士で性的な関係をもっている。それが、当たり前みたいに思っている人たちもいるのですから、学校でも教室の後ろのところで性行為をやっていたというエピソードのある人もいます。結構いるのです。男性は性に対して即物的というか、欲求が高まると、即行動に移るという人たちがている場合があります。女性の場合は、愛着障害があって、さらに乳幼児のときから性的虐待を受けいう人たちは、性に対して独特の問題を持っています。父親や叔父さんあるいは兄ちゃん、近所の人たちからなどです。そう男性の場合は性行為そのものに欲求があるのですけれど、女性の場合は性行為の前の段階、すなわち男がすごく優しくなるところ、そこを求めて手当たり次第に男性を誘うような人がいるのです。男をうまく引き付けるのです。脅したり、すかしたりしながら男を引き込むというのが非常に上手ですね。それから、そういう人の処遇は学校や少年院あたりでも非常に困られたと聞いているのですけれど、うして困った人もここに来ています。

平井：虐待による後遺症としての愛着障害と風俗で働く知的にボーダーな女性との関連も指摘されていますね。

田島顧問：先週も性風俗で働く女の子達の現場を、検察、警察合同で視察しました。私も一緒に見て回ったのですけれど、私から見れば明らかに知的障害、ボーダーラインではないかと思われる人たちが本当に多いです。デリヘルなどは、1人の男性が15人、20人の女性をうまく操って商売をやっているという。対策にはどういう法的な手段をとれるか。高校生の場合は補導という形でしていますけれど、そうではなくて、操っている奴を捕まえようと決めて、今、対策を考えています。それから、女子刑務所のところのモデル的な処遇のあり方検討も7か所でやっています。学校教育を終わったあと福祉につないだ、あるいはつないだけれど、福祉から零れ落ちた人たちが、結局、今、刑務所で過ごしているということもあります……

――今、田島顧問は最高検察庁参与の肩書きを持ち、一般社団法人全国地域生活定着支援センター協議会会長として、触法障害者の社会復帰支援に奔走している。もっとも支援困難な人たちのことを熱く語り続けました。

性的問題行動のあった二人が結婚して

平井：そうした不幸な生育歴と性にかかわる課題のある人も「ぶ〜け」の支援で結婚されているのですか。

田島顧問：います。男性も女性も愛着障害があり、反社会的行為ばかりを繰り返していた人たち同士が恋愛をして一緒になり家庭を持ったらラブラブで、ということも。

平井：そのお二人の場合には、結婚前にはどんな問題があったのですか。

田島顧問：女性は、次々に男性を誘う。だから、その人に誘われて家庭を壊された男性たちが相当いますね。会社帰りに男性の車に手を振ってスカートをわざと広げてみせたりするわけです。それがまたかわいらしい子なのです。そうすると、中には車を停めて話しかけてくる人などもいるのです。私が本人に言って聞かせ、「わかったか」と言うと、「はい」と言うのですけれども、全然駄目です。本当にてこずりました。そういう問題を起こすものですから勤め先も転々として。そういう子でした。

男性の方は20歳を過ぎて一番元気なときですから、性的な欲求も非常に強かったのだと思いますけれども、駅前の広場で階段を上っていく女性の後ろからついていって、抱きついて、そこで逮捕をされました。女性のスカートがふわっとなって、お尻が見えて、ムラムラとなったのだと言っていました。他の善悪は言って聞かせるとある程度わかる人なのですけれども、なぜ性のことだけはわからない。やはりそれだけ強い性的欲求があるという人だったのでしょう、コントロールがなかなか難しくて。

この2人とも私が親代わりだったので、「ぶ〜け」に「なんとかいい相手を見つけてくれんか」と頼んだのです。そうしたら、その二人を「ぶ〜け」が引き合わせてくれた。イベントなどで二人がデートのようなことができる機会を作ってくれたのです。二人はもともと知り合いだったわけで、すぐに意気投合して、お試しで一緒に生活させようという話になった。「親」が私ですから、話は簡単です。じゃあ、そうしようと場所を見つけた。そうしてパートナー生活を始めたら、びっくりするぐらい仲がいいのです。両方とも性に対する特別な問題行動というのがあったのですけれども、それが良い方に出た。だから、余計に仲がよくて、周りが本当にうらやむような夫婦になりました。

ところが、ほっと安心していたら、男性の方が色男なものだから、他の女性とひょっと浮気をした。それが奥さんにバレて、奥さんからガンガンやられているのです。それで、我々も気づいて、二人を呼んで注意したということがありましたが、その後は何とか夫婦円満に続いているようです。

平井：「ぶ〜け」のおかげですね。

美しき処女のばあさんや童貞じいさんになるな

田島顧問：「ぶ〜け」でこうやって知り合って、一緒に同棲や結婚をした人もそうですけれども、そうでなくて、依然として親が反対しているということで、親に隠れて2人だけで生活しているというカップルもいるのです。親が来たときだけ知らんふりをしているという人もいます。しかし、いずれにしても、みんな、幸せだと思います。

「ぶ〜け」がなかったら、彼らは一生すれ違ったままでいます。そういう思いを持ちながらも表に出せずにいます。大多数の人がたぶん独身だったでしょう。

「女性も男性も美しき処女のばあさんや童貞じいさんにはなるな」と言っているのです。そんなものはなんにもならない。道徳的に美しいだの、純潔だの、愛される障害者だのというのはやめろと。ドロドロでもいいから、今日1日幸せだなと自分が思えるような人生を送るべきではないか。障害があるが故に、年を取ったときに1人ぽつんとなって。愛する人がいない。誰にも愛されない、誰も愛したことのないという人生はあまりにも寂しすぎる。

平井：そうですよね。

田島顧問：障害があるが故に、あれもできない、これもできない。周りからは、結構厳しい言葉を投げつけられて傷ついてしまっているのです。あの子たちはみんないじめられて育ってきているのです。

平井：今回のインタビューでは小さい子どもの頃の話も伺っていますが、いじめられたという話は何回も出てきました。

田島顧問：そうですね。だから自信がなくて、愛する人がいてもじっと20年も30年も黙っているのです。

平井：それは、もしかしたら「障害特性」と言われていることなのかもしれない。

田島顧問：そうかもしれないです。

平井：しかし、それはもって生まれた障害ではないですよね。その人に作られた特性ですよね。

田島顧問：そうですね。たぶん周りからいろいろいじめられたり、蔑まれたり、心が傷つくような言葉を投げられて育っていく中で自信をなくしてしまい、好きな人がいることさえ誰にも言えない、憧れさえ口に出せない。出すことによって、もっといろいろ叩かれたり、いじめられたりしたのだろうと思います。

我々もまたそれに気づかないから、「お前、女どころじゃないじゃないか。もっとしっかり頑張って、就職しろ」などと言っていた。我々周りが本人のためにと思ってやったことが、ある面ではかえって彼らの可能性を非常に狭めてしまった。愛する人と寄り添っているということの方が、我々専門家と称する者がああだこうだとしてあげるということよりもずっと彼らが幸せになる近道だということを、私は60歳近くになってやっと気づいたのです。以前の私を知っている人からは、「前と言っているることが全然違うではないか」と言われています。でも平成14年の暮れに私は目覚めた。間違いに気づいたら直せばいいのではないかと思っているのですけれども、本当に遅かったのです。長い間、気づかずにすまなかったと思います。そのために、彼らの幸せをずいぶん遠回りさせてしまったと思うのです。だから今は、本当に申し訳ないから一生懸命「誰かいい人いないかな」と探し回っています。

平井：遅くないと思います。私もお聞きしたことをなんとかまとめて、いろいろな方に伝えられるようにしたいと思っています。本日はありがとうございました。

—5時頃、東京から雲仙に帰ってきた田島顧問にインタビューをはじめたのですが、時計の針はすでに9時を回ろうとしていました。

第5章

「ぶ～け」のしてきたこと、「ぶ～け」で変わったこと

1. 玄関先に列を作って並んだ人たちに応えて
―納谷氏・荒木氏インタビュー

「ぶ～け」専任担当者のお二人、納谷まさこ「ぶ～け」室長と荒木稜子さんのお話をお聞きしました。
最初に聞いたのは、「ぶ～け」立ち上げの頃のこと……

「おつき合いはしたかとばってん、どげんすっかなー」

平井：名前の由来はぜひお聞きしたいです。
納谷：そうですね。それこそいろいろね、電話帳にいっぱい名前があるじゃないですか。そういうのを持ってきて調べました。結婚だけを目指すのではなくて、皆さんの悩み事を聞くこともした方がいいよねということで、ほかの名前にしようかとも悩みましたが、結局「ぶ～け」という名前を付けました。今では皆さん本当に「ぶ～け」「ぶ～け」っていって、一目置いてくださっているんです。
平井：開設の頃の利用者の皆さんの反応はどうでしたか？
納谷：皆さんの反応はすごかったですね。びっくりするくらいの反応でした。皆さんの休みは水曜日が多かったので、水曜日と日曜日だけの予約制にしていました。それこそ玄関口に10人ぐらいうろうろうろうろ。予約をするために。本当に、びっくりするくらいに来てくれました。登録のために玄関口に並んだ皆さんの顔を見れば「本当につきあってよかとじゃろかい」って疑うような気持ちと「早くおつき合いをしたい」っていう気持ちとが混ざったような表情でしたね。

平井：へー。

納谷：自分から声をかけられない方はこちらのほうから「何しに来たの」って声をかけました。雰囲気でなんとなくわかるじゃないですか。玄関を見たりするので、こっちから声をかけて。「おつき合いはしたかとばってん、どげんすっかなー」っていうようなことで。

最初は私たち、世話人の仕事もしていたので、自分たちの携帯電話ですべて「ぶ〜け」の仕事をしていました。

平井：世話人と兼任していたのですね。

納谷：そうですね。今の「ぶ〜け」担当者と同じようにですね。

平井：兼任ではなくて専任になったのは？

納谷：専任になったのは平成22年かな。

荒木：私はそれからするようになったんです。

それがみんなの一番望んでいる支援じゃないか

平井：理事長（今の顧問）に指名された時、どう思いましたか。

納谷：できるのかなーって思いました。

平井：それでもやってみようと思ったのはどんなところから？

納谷：そうですね。それがみんなの一番望んでいる支援じゃないかなって思ったからですね。はじめは親御さんから「寝た子を起こさないでくれ」っていうことで私たちが避けられたこともありました。でも理事長が育成会の席で「つき合いをしたらいかんとかなんとか言ったら、ここから連れて帰ってくれ」と強気で言ってくれたので、私たちは動きやすかったんです。コロニーにいるときから自分では「結婚したい結婚したい」と思っていながらも、表面だっては動けなかった人が何人かいたんです。そういうのを見てきていたので、本当に必要な支援じゃないかなという確信がもてて、頑張って来れたんじゃないかなと思います。

平井：最初に考えた「ぶ〜け」プランっていうのは？

納谷：最初は婚活パーティーだけでした。それも今みたいに毎月ではなくて、半年に一度ぐらいだったかな。来てくださる人たちに登録をするのと、デートする方法から指導…皆さんに声掛けも必要だったので、けっこうそういうのに時間かかりましたね。はい。

平井：登録に来た人たちにいろいろな相談をされて……

納谷：そうです。

平井：デートだったら、こんなところに行くと良いとか、個別に相談をしていましたか

納谷：最初の頃はデートの仕方もわからない。どういうふうにして約束して、どこで会うのかも覚束ない。本人さんたちに任せていれば、会う場所もバラバラだったり、時間もわからなかったりっていうことになりますので、そこらへんは世話人さんたちと密に連絡をとってしなくちゃいけないっていうので。結構そういうので時間かかっていました。

片思いから、笑顔が素敵なカップルへ

—設立当初、「ぶ〜け」のお手伝いでカップルになった利用者さんの思い出を語っていただきました。

平井：どんなカップルを覚えていますか

納谷：ある女性の方にあこがれていた男性の人がいて「その女性とおつき合いをしたい」っていうことで相談に来たのですね。女性の方に「その人があなたとおつき合いをしたいって言ってるのよ」と言ったら、「私は他に好きな人がいるから結構です」ってことだったんですけど、「そんな言わないでね、一回でもいいから会ってみたら」ってことでね。一回会っただけではまだ反応が薄かったんですけど、あと2、3回あってみたらということで会ってもらったんです。彼は字は書けないし、言うことは統一性がないし……。

荒木：支離滅裂で（笑）。

納谷：でも心がものすごくいいんです。それと社会性。仕事をすればある程度仕事もできるし、本当

に人間性がいいんですね、優しいし。何回かこちらのほうから勧めておつき合いをしたところ、彼女が彼の優しさをわかったんでしょうね、気持ちが彼のほうに傾きました。

平井：彼は片思いだったんでしょうけれど、納谷さんの支援というかお節介がなければ二人は一緒にならなかったでしょうね。完全な片思いだったんですもんね。

納谷：そうですね。

荒木：そういうカップルが何組かおりますよ。

納谷：そしたら皆さんおつき合いが始まってみれば表情が、本当ににこやかな顔。

荒木：笑顔が素敵なんですね

納谷：普通では見られないような顔をしてくれるんですよ。それが私たちにとっては一番の宝です。だから「また頑張らないかん」って思うんですね。

平井：これまで「ぶ〜け」ができてからパートナー生活された人たちは何組ですか？

納谷・荒木：37組かな。

平井：37組。凄い数ですね。ところで、そういう積極的な支援でうまくいくこともあると思いますが、逆に課題になったことなどもあると思いますが……

荒木：そうですねぇ……

納谷：上司の人から「早く一緒にさせんね」と言われ、二人での生活はまだ2，3か月で、二人の気持ちがしっくりいっていないのに、（世話人が）一緒に生活させようとなさったので、（私たちは）「まだ早いよ」「本人たちが少しきちんとした形で良いも悪いもお互いのことがわからないとだめよ」といったんですけど、早く指輪を買いに行ったり、早く一緒にさせようって気持ちがあり、世話人さんが焦ってしまい、3か月ぐらいでお別れだったね。

荒木：そういうこともありました。

平井：やっぱり成果を出そうっていうか、結果出したいっていうのがあったんでしょうか。

納谷：そうでしょうね。

荒木：（上司に）「はよさせんね」って言われたことや（世話人自身も）自分で二人の見守りをしたいっていう焦りみたいなのがあったのかもわかんないですけどね。そういう方もいらっしゃいましたね。

――最初の頃は、かなり積極介入的な支援をしていた様子。それだけ新しい方針での交際・結婚支援への事業所全体の意欲も高かったのでしょうね。

セオリーは相手への思いやり

平井：二人がうまくいくためのセオリーっていうか道筋っていうか、今までやってきて何組か見ていると「これはなんかうまくいきそうだな」とか「これは結局ダメになるんじゃないか」とかわかるでしょう？

納谷・荒木：わかります。

平井：それはなんですか？　そこをぜひお聞きしたいんですけど。

納谷：それは……勘。二人の表情を見てフィーリングとか。そういうのを見れば、あ、この人たちは合わんよねとかそういうの。

荒木：やっぱりわかるよね。

平井：そこらへんはなんですかね？

納谷：なんでしょうね。本当にそのようになっていくんですよね。不思議と。

荒木：でも「この人たち無理かも」と思っていた人たちが意外とちゃんとなることもあるし、いろいろ……。

平井：どこら辺が一番のポイントになるのですか？　おつき合い始めて長続きする。パートナー生活まで行くための。

納谷：ポイント……

納谷・荒木：相手のことを思いやること。

荒木：それは絶対言えますね。二人で生活していくうえで

納谷：自分のことだけ言ったらダメ、相手のことをよく考えながらね……

荒木：考えながらおつき合いをしなさいっていうのを、おつき合いを始めるときに……

納谷：常々言ってます。

荒木：二人で合わせて、思いやりの気持ちを持つことが大切とお話するね。

納谷：どうしても片方だけだと温度差が。片方だけが先に進もうとしていて、片方はまだまだっているときもあるんです。そういう時にはお互いの気持ちが高まるのを待ちなさいと。やっぱりおんなじ温度にしないとダメっていうのはよく話をしています。

平井：一方だけが盛り上がっているのはダメなんですね。

荒木・納谷：だめだめ。（笑）

——お二人の話のつなぎ方、間の手が絶妙で、上方漫才を聞いているような時間が過ぎていきました。「ぶ〜け」10年間の営みの中でエポックとなった事例をお聞かせいただきました。

納谷：最初の頃の事例ですが、好き合った二人の家柄が会わなくて難渋したことがありました。二人は、最初は自分たちだけで生活をしてうまくいくようであれば、籍を入れたいっていう希望がありました。女性のほうの親御さんは2年ぐらいしたら籍を入れてもらわないと困ると言いました。やっぱり女性だからね。「ぶ〜け」としては、そのことを男性の方の親御さんに伝えて了解を得たいと仲人のようなことをしたのです。でも、男性のほうの家が格式高く、利用者さんが長男だったので、どうしても結婚はダメっていうことで、籍を入れてもらえなかったんです。それで女性のほうの親御さんに、私たちが嘘を言ったみたいな感じになりました。その時は辛かったです。

でも、紆余曲折はありましたが、なんとか今一緒に暮らしています。

平井：今でも二人はパートナー生活をされているのですか

納谷：そうです。籍を入れられないっていうことだけ、私にとっては一番心が痛いです。

パートナー生活への切り札「生活実習」

―籍を入れずに生活をしている人たちのことを「ぶ〜け」では「パートナー生活」と呼んでいます。同棲とか内縁関係とかいうよりおしゃれです。そして「ぶ〜け」支援の際だった特徴が「生活実習」です。生活実習を導入した経過をお聞きしました。

平井：生活実習を導入してきた経過について教えてください。

納谷：そうですね。皆さん本当に性的なところがうまくいくのかなっていう気持ちがあるんですね。皆さん本当にわからないで、理想と現実は違うんだということ、現実がわかるのかなって思っていました。ちょうど空き部屋のあったグループホームがあったので、「じゃあ、あなたたち実習してみるね」って感じで始めました。そうしたらいろいろな問題もありましたけど、性的なところの話もできるし、色々見極められるのでよかったと思いました。本人さんたちもお互いの相性を知ることができるし、グループホームからは男性、女性両方の世話人さんたちが入るので、目がいくつもありますよね。で、いろんな人が見て「この人たちうまくいくんじゃないかな」っていう見極めをしてから、みんなに公表します。そんな風に、うまくいくとはっきりわかるためにし始めたらそれが習慣になったみたいで、今は「僕たちは二人で実習をしたいです」と皆さん自分たちから言われるんです。

荒木：やっぱり二人で生活してみて少し自信が持てるようになるんじゃないかな。
平井：これは私にはコロンブスの卵みたいな感じです。導入するときに、結婚生活の実習なんて不謹慎……と思いませんでした？
荒木：思いますよね。
納谷：思いました。でも、結婚やパートナー生活してしまってから失敗した時のリスクの方が大きいです。私たちは心配のあまりにね。丁度部屋もあったし、「せんばいかんね」って（笑）
荒木：グループホームで使っていたものがみんな置いてあったから、そこで実習っていう形にね。
平井：たまたまグループホームの空き部屋があったから。
荒木：そうです。それが一番なんですよ。
納谷：なんでも使えて、1日1，000円で借りられたから。
平井：実際、性生活を含めて夫婦生活の具体的な指導というのはどんなふうにされるんですか？
納谷：職員が同性支援します。
荒木：そういう話し合いをしてもらって。
平井：「夜一緒に寝るときはこんな風にするのよ」とか、いろんな所を清潔にするとか避妊の仕方だとかですか。
納谷：はい。事前にしていただいてますね。
平井：性生活の具体的なことは、目の前にそういう生活が待っていていてはじめて教えられることですよね。

納谷：もう目の前に実習があるから。

荒木：二人で生活したいのがやまやまだから。

平井：大事ですよね。

荒木：相性を見るのもいいんですね。別々に生活していた人が一緒に生活するっていうのは。デートするだけではわからないことがあるから。

納谷：（デートとは）ちがいますよ。デートでは自分のいいところだけ見せればいいけど、24時間一緒に生活するとなると良いも悪いもすべてを好きでなくちゃだめだから。

荒木：思いやりがないと、生活できないからねって。

納谷：だからそういうときにね、自分が選んだ人ならば「あんた自分が選んだたい」っていえるでしょう。だから世話人は押し付けないんです。自分で決めていただくんです。

―あれ？　最初の頃の「お節介おばさん」とは、少しニュアンスが違ってきています。「ぶ〜け」も進化してきたのですね。そこで、この10年で培った「ぶ〜け」ノウハウをお聞きしました。

本人さんの気持ちに本当に従順に

平井：男女のおつきあいをうまく導くその辺のコツというか大切なことを教えてください。

納谷：とにかくね、私たちがしゃしゃり出ていろいろ言わないことです。本人さんたちの気持ちに寄り添って、本人さんの気持ちに本当に従順にね。私たちは話を聞きながら進めていきます。本人が一緒に生活したいって言うのならば、「じゃあ、いつぐらいに一緒にしたいの」っていうことで。それまでどうすればいいかを考えてもらって。本人さんたちが自分たちで動かないとダメって。「私たちはあなたの気持ちに寄り添って協力はするけど、自分たちが動かないとダメよ」って言います。

平井：自分たちが動くっていうのは具体的にどういうことなんですか?

納谷：一緒に生活したいと親や世話人さんにお願いや報告するのは自分たちでする、いついつにどういう風にしたいから協力をしてほしいと。私たち（「ぶ〜け」）がするんじゃなくて自分たちでお願いする……。

荒木：実行することが大事です。

納谷：それで、どうしても親御さんが反対のところもあるんですよね。おつき合い自体も反対。そういうところも私たちがあんまり表面的に出れば、「私たちがおつき合いをさせた」となってしまい、よくないのです。結婚推進室「ぶ〜け」があることを親御さんも知っていますので、世話人さんたちにも「ぶ〜け」担当者にも常々「私たちスタッフはくっつけたらだめ」と言っています。「この人とこの人が合いそうだなっていうのがあれば隣に座ってもらって、そうして本人さんたちが気に入って初めておつき合いが始まるのよ」って。「それで、あの人とつき合いたいですっていう本人からの申し出があって初めて私たちが動くのよ」って。「私たちがあの人とつき合わんねっていうことだけはやめてください」って。これだと、何か問題があった時に「世話人さんがつき合せた」ってなるんですよ。やっぱりうまく行きませんよね。つき合っているうちにいろんな問題が起きます。解決するためには自分がこの人とおつき合いをしたいと決めたってことが大切なんですよ。「あなたがこの人とおつき合いすると決めたでしょう」と言えるでしょ。「あなたが決めた人なんだから大事にしないといけないのよ」とか。そういう風な声掛けができるでしょ。

―色々と試行錯誤し、本人、親御さん、他の職員との様々な齟齬や軋轢も乗り越えて、ここまで来たのだろうなと、伺いながら納得しました。

平井：最初のほうで言われていた、相手のことを考えて行動するとか、相手のことを思いやるというのは具体的にはどのような場面で見えてきますか。そういう風に変わってきたなと実感できる場面っていうのはどういう場面ですか。

納谷：婚活パーティーに来た時のちょっとした仕草とか、話をしている時にもわかります。

荒木：自分のことばっかし言う人がいるんです。そういう場合、相手の人の気持ちも考えながらやっていかないとうまくいきませんよって、助言しますね。

平井：食べ物なども、相手の分もとってあげるとか?

納谷：そうそう、そうそう。声をかけます。「とってやんなさいよ」とかですね。

荒木：そうしたら自然と食べるときには、そうするようになります。先に自分が食べるんじゃなくて。

相手の人にとってやってそれから自分のを食べるっていう。皆さん、はじめは自分中心ですが、わかれば必ずできる。知らない行動っていうのがいっぱいあるんですね。ちょっとした声掛けで変わる。一回言ったからと言ってそれが続くというわけではないんですけどね。都度都度言わないと、ですね（笑）。似た場面で、気づいたら声掛けをします。

平井：具体的な支援ノウハウを教えていただいてありがとうございました。もっとお聞きしたいのですが、この辺で。

—お話を伺いながら、お二人に「頼りになる近所のお節介おばさん」を感じていました。そして温かな包容力も。

2．利用者ニーズ、目標が変わった—松村統括部長に聞く1

南高愛隣会生活支援部門の責任者で、「ぶ～け」共同研究プロジェクトを立ち上げた松村統括部長にもお話を伺いました。松村真美氏は設立初期からの法人幹部です。この章では、インタビューの前半、「ぶ～け」立ち上げ前史から「ぶ～け」ができて変わった点などを収録します。

制度外支援の蓄積

――最初に、「ぶ～け」立ち上げ前の「子育て支援プロジェクト」に関わった時のことをお聞きしました。

松村：あの時、顧問夫妻は大喧嘩をされました。本人は自分がどういう状況にいるのかよくわからないようで、産むことはわかっても「育てる」ことは全く理解していませんでした。でも「産みたい」の一点張りだったのです。顧問は、「神様からの授かりものだからみんなで育てよう」と言いましたが、奥様は「本人一人で育てていけるんですか！」って、真っ向から対立しました。顧問の奥様と私はそのころ地域サービスセンターの福祉ホームと通勤寮の担当をしながらグループホームのバックアップをしていましたから。しかし「理由はどうあれ生命を第一に守るんだ‼」と顧問に叱られました。その矢先にもう一人発覚でダブルパンチ。これはいろいろ言ってもだめだ、顧問がその方針でいかれるのであれば、今後どう育てていくのか、どう応援するかしかないと考えを改めました。ベテランの看護師さんとかベテランの支援員さん、それに顧問の奥様がチームに加わってくれて、それはそれは密に関わってくださいました。シングルマザーが二人だったので、二人で一軒家を借りました。働かないと食べていけないので、仕事を続けていましたが子供が病気になったらどちらかが病院に連れて行ったり交代で休んだり。シングルマザー同士二人支えあいながら子供を育てられました。

平井：逆に二人いてよかった。

松村：そうですね。それが三月生まれと五月生まれ。立て続けに産まれて、まぁ大変でしたね。子育て中は、夜に熱を出したらタクシー呼んで病院に連れていく、片方が風邪をひけばもう片方にうつるし、自分の服なんて買えてなかったし、会社の社員旅行なんてもちろん行けないし、個人の楽しみは優先できず、もうわが子にすべてをかけるっていう状況でしたね。

平井：そうでしょうね。でも子育て中のお母さんだったらみんなそんなものでしょう。

松村：けれども、ミルクの作り方、おむつの当て方、どれも一つ一つ教えました。保育園に行くようになれば先生とのやり取りもよくわからず、世話人さんにどうしたらいいのって毎日相談する感じでした。グループホームの世話人さんがほんとに乳母のようになって365日24時間支えてくださいましたね。

平井：グループホーム制度では、利用者さんのケアはできますけれど、そのお子さんのことまではサービスに入っていないですよね?

松村：そうです。任意です。法人の責任で子育てを応援しました。困ったことには夜中でも飛んで行って。制度では追いつかない部分を越えて支えてきたことで体験の蓄積となりました。

平井：そういう蓄積があって「ぶ～け」ができたということですね。

地域生活のニーズ

―コロニー雲仙は、入所施設からすべての利用者を地域のグループホーム等に移す「施設解体」を2007年（平成19年）に完了しました。その事業を担っていた松村さんは、「ぶ～け」が立ち上がってしばらくしてから「地域生活支援センター」の責任者となり、直接「ぶ〜け」を管轄する立場となりました。
平井：では、「ぶ〜け」立ち上げの頃のことを聞かせてください。
松村：顧問が愛する人との生活を促進する方針を打出され、象徴的な名前を付けることとなり結婚推進室「ぶ〜け」が誕生しました。『顧問遅かったばい！　俺たちも若かったら子供がほしかったけど、もう無理ばい』と、ある利用者さんが仰ったお話を聞いてとっても胸が痛みました。本当だ、申し訳なかったと思いました。自分の人生を悔いなく生きてほしいと思いながら、それはただ地域で暮らすということだけではないはずなのに、そういう大事なところに着目できていなかったのだと悔みました、我々の支援が足りなかったために「間に合わなかったよ」と言われることの情けなさとかつらさとが沸いて。その言葉は突き刺さりましたね。その時私は担当ではなかったのですけど、ずっと胸の奥に残っていました。
平井：立ち上げの担当ではなかったのですね？
松村：その時は入所施設にいたので、直接かかわってはいないのです。私は平成19年から地域サービスセンターにきました。入所施設をすべて閉めてからです。19年に地域に移った時の「ぶ〜け」の活動は、年に2、3回合コンを実施するくらいの状況でした。なぜなら地域の中で利用者が必要とするサービスはどのようなものかがよくわかっていなかったのだと思います。利用者みんなに聞いてみようと思い、アンケートを行った所「ぶ〜け」の合コンの評価が高いのですよ。

多くの人が「愛する人がほしい」って書いてありました。そこで納谷さんに「こんな頻度じゃ駄目よって、もうちょっと頻繁に開催しましょう」と勧め、月に一回は開催すると決めました。そして地域サービスセンターの全体会議にどんな様子だったか発表してもらいました。グループホームの世話人さんが兼務で「ぶ～け」の活動もしていた時代なのですけど、アンケートが示している彼らの「愛する人が欲しい」という要望に応えなければならないという大義を挙げました。

平井：入所施設を閉鎖し、利用者が地域で生活するようになった平成19年から「ぶ～け」は本格的な活動を開始したと考えてよろしいのですね。アンケートで利用者のニーズ調査をして。

松村：そうです。アンケートでは、「将来誰と暮らしたいか」という問いに対して「親きょうだい」というパーセンテージがまだ高かったのですが、それが変わってくるはずだと思っていました。本当に「親きょうだいと暮らしたい」って、いい大人が思っているだろうか？　という疑問もありましたし、「ぶ～け」が頑張ればここが変わるはず、変わるべきじゃないかと考えました。そして、自主事業で実施することにしました。みんなのアンケート調査の結果から地域サービスセンターで何を目指すべきなのかを考える中で、「愛する人との暮らし」の応援こそ大切で、そのために少しでもお役に立ちたいと思いました。それは先ほど先生がおっしゃってくれたように「ぶ～け」立ち上げ以前の出産に立ち会い、子育てにつき合いながら、人の人生ってなんだろう、なんでこんな苦労を自ら背負うのだろうと、そうなる前の手立てや後の支援策を考えさせられたわけです。けれど生まれてきた「この子」はかわいくて、親子で過ごす姿を見ていたら、あー生まれてよかったとつくづく思いました。そういう制度外のところでもがく彼らから、人の人生とは何かみたいなことをいっぱい学ばせてもらったことで、今の「ぶ～け」につながることができたのかなと思います。

みんなの目標が変わった

平井：「ぶ～け」ができて一番変わったことは何ですか。

松村：みんなの暮らしの目標が変わりました。

平井：目標が変わった？　以前の目標は？

松村：それは就職していっぱいお給料をもらって、「一人前になろう」みたいな話です。そこで、「何のために地域で暮らすと？」「何のために就職したと？」って聞くと、みんなもうキョトンとするんですよ。

平井：たしかに、「自立と社会参加」というのは目標ではなくて手段……

松村：そこで聞くのです。「その給料もらうのも何のためにもらうとね？　どう使うとね？」次に「それは、幸せになるために使うのよ」って言うと、まずは「そうか！」って腑に落ちた顔になるのです。「幸せになる一番の近道は好きな人を見つけることたい」って言ったらなんだか明るく希望に満ちた目の色に変わりますね。「何のために生きるの？　自分の大好きな人を見つけよう、そしてその人を大事にしよう、お互いに幸せになってやろう」っていう話をすると「そうか、そのために頑張るんだね」ってわかる。「ぶ〜け」を通じて、おつき合いする人を見つけることも恋愛することも結婚することも、そして子育てすることも当たり前に身近に見られる。だからこの話がストンと腑に落ちるのだと思います。

平井：それこそがノーマライゼーションですね。

松村：みんなが「子育てしてみたいよ」って平気で言うし、「子ども作りたいです」なんて他のところではあまり聞かれないセリフかなって思いますが（笑）。モデルがたくさんあるし、自分にもできるかもしれないと思うのでしょうね。また、グループホームを出たいという人は、それもいいよと。いろんなことが待ち受けているでしょうけど、それも選択肢の一つ。その中に一人暮らしもあり、二人で出ることもあり、子育てもあり、結婚もありっていろんなことを自分の人生、自分で作っていく。そういう選択肢がたくさんあることが大切でしょ。抽象的なことはよく理解されないけど、そういう先輩たちがいっぱいいるという実態を知り、自分たちも可能なことがたくさんあるって思われるのではないでしょうか。希望が出てくると生活意欲が高まりますよね。

平井：子育てを目標に挙げる知的障害者ってあまりいないですよね。

松村：どこかで「僕には無理だよな」ってあきらめている人が多いのではないでしょうか。しかし本当は結婚したいけど……という青年はたくさんいるとおもいます。

平井：憧れとしてはみんな持っているのですけど、具体的にはみんな考えられていない。ボランティアの大学生とかに目移りしているだけで。そこから先に進んでいかない。アイドルの追っかけをやっているみたいなところから抜け出せない感じですね。

松村：結婚＝ウェディングドレスっていう……

平井：そのレベルですよね。やっぱり周りにいないからだと思うのです。

松村：近くにモデルがあるとすごい元気づきますよね。

第2章からここまで結婚推進室「ぶ〜け」の実態について、法人関係者の講演や業務記録、証言から紹介してみました。設立した想いや目的、実際の支援内容、職員と利用当事者の意見などからは、「ぶ〜け」と南高愛隣会の恋愛、結婚、子育て支援のリアルな様子がうかがえたと思います。

次章以降では、利用者の身近にいて日常的な支援をしているグループホーム世話人や職員、保護者から見た当事者の姿や「ぶ〜け」の支援に関する量的な調査結果と、利用者自身の生の声を織り交ぜて、さらに「ぶ〜け」の実相に迫りたいと思います。

第6章
「ぶ～け」を利用している人たち

この章では、「ぶ～け」利用者の身近にいるグループホーム世話人さんや生活援助事業所職員、あるいは親御さんたち支援者に答えていただいたアンケート調査結果（支援者アンケート）と、「ぶ～け」を利用している当事者の皆さんに答えていただいたアンケート調査結果（当事者アンケート）をもとに、「ぶ～け」を利用している人の特徴を述べることにします。アンケート調査は、すでにパートナーと結婚あるいは同棲生活をしている人たち（パートナー生活者あるいはP群と呼ぶことにします）、おつきあいしている人がいる人たち（交際中の人あるいは交群）、恋人を探している人たち（探している人あるいは探群）に分けて調査しました。

1．支援者アンケート結果より、利用者全体の概観

利用者の年齢、障害程度、学校歴、支援区分、福祉サービス利用、日中活動先

「ぶ～け」を利用しているのは、20代から70代の広範な年齢層の人たちです。40代が全体の3分の1を占めていますが、次いで30代、20代、50代と続く。男女比は3対2で男性が多い。障害程度は中・軽度がそれぞれ40％以上で大半を占めています。その3分の2は小学生時代通常学級に在籍し、約半数が中学生時代も通常学級経験者でした。

現在の障害程度を推測できる障害支援区分では、区分2が27％、区分3が22％、区分4が14％と多

く(不明が33%)区分1や区分5以上の人は少なくなっています。ちなみに区分1では給付されない「介護つき通院介助」が区分2以上ではあり、区分3になると「生活介護」(区分2でも50歳以上なら可)「行動援護」も対象となり、さらに区分4では「重度訪問介護」も要件によっては使えます。区分2以上の認定を受けているということは、就労や就労継続支援など働くことができなくなっても、50歳を越えたら生活介護施設で「入浴、排せつ及び食事等の介護、調理、洗濯及び掃除等の家事並びに生活等に関する相談及び助言その他の必要な日常生活上の支援、創作的活動又は生産活動の機会の提供その他の身体機能又は生活能力の向上のために必要な援助」を日中活動として受けることができる保証を得ていることになります。その上「行動援護」は外出時の「移動中の介護、排せつ及び食事等の介護、その他行動する際に必要な援助」があることから、区分3以上の知的障害者には、とりあえず日常生活を送る上で必要な支援が提供されるということになります。

しかし実際利用しているに障害福祉サービスは、「グループホーム(共同生活援助)」、「サービス等利用のための計画相談・利用計画作成」と「行動援護・移動支援」くらいです。

生活介護を日中活動としている人は5%であり、半数が地域の企業等で一般就労、42%が就労支援継続A型・B型、就労移行支援などの福祉的就労をしています。

収入は全国水準より高く、金銭管理も自己管理が少なくない

就労をしているために、月々の収入は平均77、800円であり、一般就労者平均94、500円

となっています。そしてほとんどが障害基礎年金を受給しているので、月額収入は平均で144、300円です。この額は、全国的な知的障害者の収入水準より高くなっています。「平成23年度（2011）生活のしづらさなどに関する調査（全国在宅障害児・者等の実態調査）結果」[17]「一月当たりの現金収入」（第37表：区分を変えて平井が再集計）。

居住形態は、グループホーム（共同生活援助）が86％、アパート・公営住宅・一軒家が13％、在宅（親と同居）は1％にすぎません。もともと雲仙岳の裾野に作られた入所施設「コロニー雲仙」の入所者たちが、社会福祉法人南高愛隣会の施設解体によって地域に移行してきたのですからグループホーム入居者が圧倒的に多いのです。

金銭管理は、グループホーム利用者が多い割りには、すべて自分で管理している人がほぼ40％いて、ほとんど支援者が管理している人はわずかです。

ひと月に自由になる「小遣い」は平均約18、000円で、最低3、000円から最高8万円まで様々です。

疾病のある人と服薬している人は、50％強であり、疾病のない人は、1／3〜1／4の割合です。この結果は、「平成23年度（2011）

（表1　総収入の区分比較表　23年度厚労省調べとの比較）

	ぶ〜け利用者	全国在宅障害児・者等の実態調査
6万円未満	2（1%）	133（16%）
6〜9万円未満	17（11%）	317（38%）
9〜15万円未満	59（38%）	162（19%）
15〜18万円未満	55（37%）	38（5%）
18万円以上	18（12%）	34（4%）
不明	3（2%）	146（18%）
総数	154	830

生活のしづらさなどに関する調査（全国在宅障害児・者等の実態調査）結果」の「病気で体の具合の悪い者」の割合66・7％（実数346名／65歳未満519名）と比べると、そう高い数字ではありません。

パートナー生活者、交際中の人たち、探している人たちの違い

「ぶ～け」を利用している人たちを、すでにパートナーと結婚あるいは同棲生活をしている人たち（パートナー生活者）、おつき合いしている人がいる人たち（交際中の人）、恋人を探している人たち（探している人）に分けて調査しました。

そこで、これらの群の間ではどのような違いがあるのか、次にその特徴を見ていきます。

年齢分布では、探している人は20歳台から50歳台までほぼ平均的に分布しているが、交際中の人は30歳台から増え、パートナー生活者は40歳～50歳台に集中していました。パートナー生活歴では10年未満が多いことと合わせて考えると、２００３年から結婚推進室「ぶ～け」を立ち上げたことの影響がうかがえました。

学校歴では、小学校ではどの群も2／3程度が通常学級に在籍し、中学校でも約半数が通常学級経験者であることは先に紹介しましたが、高等学校年齢における学校歴では、パートナー生活者群と他の群で大きな違いが見られました。パートナー生活者群では、中卒が76％（26人）にも上り特別支援学校高等部が15％（5人）と少なかったのです。これは、パートナー生活者群の年齢層が40歳～50歳

台に集中していることと関連し、養護学校義務制実施（1979年）以前あるいはその前後に高校生年齢に達していたため、この年代の人たちが中卒で就労あるいは施設入所していたためと考えられます。また、交際中の人たちに高等学校歴を持つ者の割合が多いことも特徴的です。長崎能力開発センター（能開）出身者は比較的年齢層の若い探している人たちでその比率が高くなっていました。

職歴では、年齢や生活経験の比較的高いパートナー生活者たちが様々な職歴を経てきていることがわかりました。特に探している人たちとの間では、一般就労と福祉就労両方を経験した人数に統計的差異が認められました。

居住歴では、どの群も「親の家」から始まり、入所施設やグループホームを経験して、現在「グループホーム」で暮らしているというパターンが多く、群間の違いは見られませんでした。ただ、ここでの「入所施設」カテゴリーは、知的障害者入所施設だけでなく、短期入所や宿泊型自立訓練、更生保護施設、自立準備ホームなども含まれていることに留意してください。

障害程度と障害支援区分、重複障害の有無については、3つの群の間に統計的差異がないことがわかりました。

就労面、賃金面でも群間の違いは見られませんでした。また統計的有意差は認められませんでしたが、パートナー生活者の金銭管理自立度は高いという結果が出ました。

これまでの生活の中で、支援者が把握している何らかのトラブルがあった人は、どの群も約半数あり、パートナー生活者たちの62％が一番多い結果でした。トラブルのありなしが、交際や結婚が出来る人とそうでない人を分けているわけではないことがわかりました。
余暇活動では、探している人たちの約80％、交際中の人たちの約90％が、一つ以上の余暇をもっています。内容的には、ボーリング、フラダンス、マラソン、バッティングセンター、ウォーキング、水泳、バトミントン、ジムトレーニングなど運動系のものや、映画鑑賞、DVD鑑賞、スポーツ観戦、折り紙、生け花などの文化的活動が多く記載されていました。特筆できるのは、和太鼓、釣り、「市民劇場」といった南高愛隣会の地域サービスセンターなどで実施している「クラブ活動」に関わる内容が少なくないことです。そうした中で、「ぶ～け」婚活イベントという回答が最も多く余暇活動に占める「ぶ～け」イベントの比率が高いこともわかりました。しかし、パートナー生活者では40％が「余暇なし」と回答していました。家庭をもつと自分のための余暇活動ができなくなるのは、一般的なことかもしれません。

「知的障害者の青年期―成人期的課題12指標（以下「12指標」と表記）」にもとづく印象

「12指標」は、成人知的障害者の変化成長を測る指標として2004年以来、筆者が様々な調査で用いてきたものです。項目は以下の12項目です。

1 新しい知識や社会への関心がある（知識への関心）
2 自分の生活を見直し改善する意欲がある（生活改善への意欲）
3 仕事への意欲がある（労働への意欲）

4　友だちとのつきあいや、交際はある方だ（交際の拡がり）
5　趣味や打ち込めることがある（趣味と余暇活用）
6　話したり書いたりすることが上手である（コミュニケーション技能）
7　人に臆することなく接することができる（コミュニケーション態度）
8　自分に対する自信がある（自信）
9　ものの見方考え方がしっかりしている（価値観）
10　責任感は強い方だ（責任感）
11　家族（親）や世話人からの独立心が強い（独立心）
12　異性との交際や結婚への意欲がある（家庭形成への意欲）

4択回答の設問でしたが、回答者（世話人等支援者）の当事者に対する印象を鮮明にするために、「そう思う」×2＋「ほぼ思う」を肯定的回答、「思わない」×2＋「あまり思わない」を否定的回答として、加重加算し比較してみました。全体として肯定的印象が多く、特に「3仕事への意欲がある」と「12異性との交際や結婚への意欲がある」という項目二つが高い肯定得点を得ています。これまでの調査では、おおむね「3仕事への意欲」、「5趣味と余暇活用」などの得点が高く、「12異性との交際や結婚への意欲がある」は極端に低い得点でしたが（2005平井[18]）、（2008平井[19]）、（2014平井[20]）、本調査では初めて12番目の項目（家庭形成への意欲）が高い肯定的回答を得ました。この違いは、調査対象当事者の意識とともに、回答してくれた支援者意識の違いの反映だろうと思われます。私のこれまでの調査では、知的障害者を対象とする大学公開講座等に参加している比較的学習意欲のある成人や特別支援学校を卒業した比較的若い成人を対象として、親やグループホーム世話人から回答していただきました。今回は「結婚推進室」と銘打った事業所に利用登録をしている当事者を支援しているグループホーム世話人等の回答ですから、違って当然といえば当然ですが、だからこそこうした支援のあるなしが当事者と支援者双方の意識を変える上で大きな要因となることを実感できた結果でした。

群間の検定結果から「ぶ～け」利用者は「労働への意欲」と「家庭形成への意欲」は総じて高い傾向にあるが、中でもパートナー生活をしている人たちと交際をし

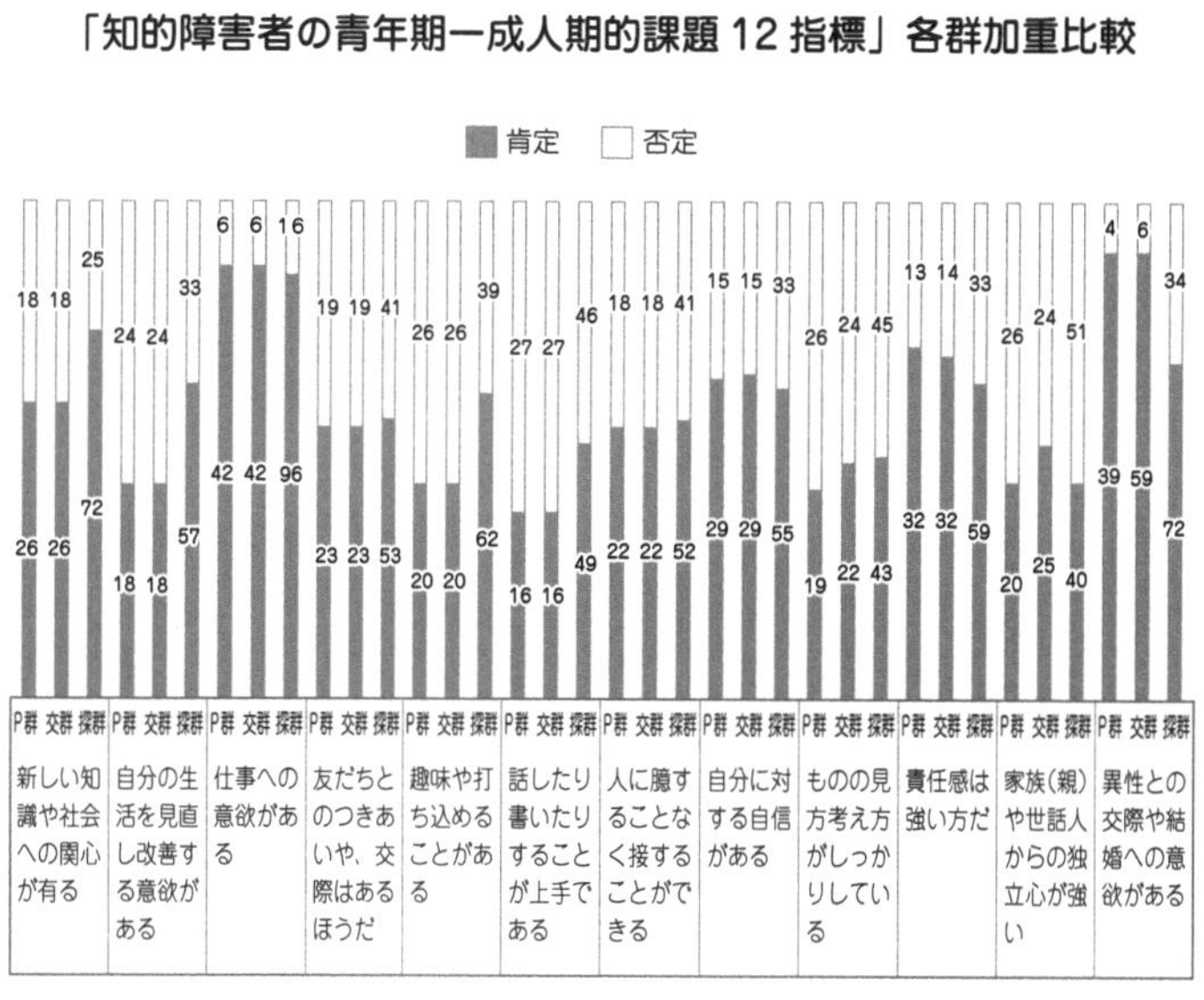

（図 8　12 指標印象　各群加重比較）

ている人たちには「家庭形成への意欲」が高いことがわかりました。またパートナー生活をしている人たちは、他の群と比べて「生活改善への意欲」「趣味と余暇利用」「コミュニケーション技能」がやや低いことがわかりました。交際をしている人たちは、他群と比べて「交際の拡がり」があることが分かりました。これに対して交際相手を探している人たちは、「新しい知識への関心」や「生活改善への意欲」に比較的高い意識を持っていることがわかりました。このように支援者たちは、それぞれの群の人たちを評価しているということです。

この結果をどう見たらよいでしょうか。

総じて「労働への意欲」と「家庭形成への意欲」が高いということは、南高愛隣会の法人理念に叶った結果だと言えます。パートナー生活をしている人たちと交際をしている人たちが「家庭形成への意欲」が高いことや交際をしている人たちが、他群とくべて「交際の拡がり」があることも納得できます。

ところが、パートナー生活をしている人たちは、他の群と比べて「生活改善への意欲」「趣味と余暇利用」「コミュニケーション技能」がやや低いと評価されています。比較的高齢で中卒者が多いパートナー生活者たちですから、話したり書いたりすること（コミュニケーション技能）は、もともと他の群より苦手なのだと思われます。「趣味と余暇利用」については余暇活動に関する調査結果と合致しています。ちょっと理解しづらいのが「生活改善への意欲」ですが、パートナー生活という人生の一つの目標を達成したゆるみなのでしょうか。支援者側から見ると、交際中や探し中の当事者には、「パートナー生活するためには～を改善しないと」と日頃口酸っぱく言っていたが、とりあえず二人で生活を始めたので、あまり干渉しなくなったからかも知れません。

2．当事者アンケートより、当事者の意識

回答者の年齢、性別

当事者へのアンケート結果から、当事者の意識を探ってみます。回答者数は、支援者アンケートより多く172通ありました。そこでこちらのデータを表にします。

表2のとおり、年齢分布は、P群では40代〜50代前半が多く、交群では、30代〜40代前半に集中しています。探群は30代前半に山があるものの20代〜50代まで平均しています。探群の男女比が2：1以上開いている点が問題です。

「今のくらしは？」交群にさびしさあり

良い、楽しい、自由、豊か（以上＋印象）、わるい、つまらない、さびしい、貧しい（－印象）の8項目から複数選択する質問の結果は、全選択数に対する割合で各群を比較すると、**表3**のようになりました。各項目間での差異はほとんどあ

表2　当事者の年齢分布

	回答者数	男性数	女性数	平均年齢	最高齢	最若年
P群	43人	21人	22人	46.5歳	67歳	30歳
交群	46人	24人	22人	37.3歳	63歳	22歳
探群	83人	58人	25人	39.8歳	70歳	25歳

りませんが、交群「さびしい」が14％と比較的高かったことと、8項目を＋印象と－印象で区切って比較すると、P群がダントツの92％＋でした。

パートナー生活をおくっている人たちのくらし満足度は高いことがわかりました。交際している人たちの中で実数10人（14％）も「さびしい」と答えている理由は、「困っていること」欄に、「つきあっている人と連絡がうまくいかない」「遠く離れているのでなかなか会えない」などと回答した人が4人いたことから推察すると、交際相手がいないからではなく〝いてもなかなか会えないのでさびしい〟といった感情をもっていることの現れだと考えられます。「さびしさ」とは真っ新な孤独からよりも、親密な他者から引き裂かれた喪失感から生まれるものなのかも知れません。

「ぶ～け」でしたことで役立っていることは？　意外と低評価の交群

この設問への回答は、群によって違いが際立ちました。自由記述だったために、**表4**のようにカテゴライズして集約しました。P群では、「ぶ～けがあったことで結婚ができた」という趣旨の回答が14あり、子育てに関することも3挙げられていました。

P群では2／3の人が何らかの役にたっていると回答しているが、交群、探群

表３「今のくらしは？」（割合比較）

	良い	楽し	自由	豊か	わる	つま	さび	貧し	＋	－
P群	32	37	12	11	2	1	4	1	92	8
交群	28	26	16	5	1	7	14	3	75	25
探群	28	30	16	7	3	6	9	1	81	19

では半数以上が「わからない」「無回答」でした。特に探群では「役に立っている」回答は1／4にとどまっていました。クロス集計すると、設問2「今のくらしは?」で「わるい」「つまらない」「さびしい」と答えた17人が「わからない」＋「参加していない」＋「空白」回答者でした。

この結果から、「ぶ〜け」の活動は未だに交際相手を見つけられていない利用者にはそれほど「役立っている」とは良い難い印象を持たれていることがうかがえます。それはそうでしょう。「ぶ〜け」に登録して恋人を見つけようとしているのに未だ見つけられていないのですから。この結果は納得できます。

しかし、すでに交際している人たちから見ても交際に関する「役立ち感」は8名17％程度しか回答されておらず、他の項目を入れても20名41％に留まっていました。P群との温度差はかなりありました。この結果はどう考えたらよいのでしょうか？ 設問7の「あなたの夢は?」回答で見るように、交群の80％がパートナー生活を望んでいます。交群の利用者視点から考えると、交際中の人たちのニーズはパートナー生活への移行です。なかなか移行できずにいるために「役立ち

表4 「ぶ〜け」でしたことで役立っていることは？ （実数）

カテゴリー	P群	交群	探群
好きな人に出会えたなど交際に関すること	14	8	9
自分が変わった、仕事に頑張れるなど意欲に関すること	4	8	5
料理が上手になったなど生活向上に関すること、P群は子育ても	5	4	8
わからない	5	4	18
未だ参加していない	0	1	5
空白	11	24	38

感」が低いのかもしれません。

「今一番頑張っていること・好きなこと」は、やっぱり仕事・趣味

この設問への回答も自由記述式だったため、内容から仕事、生活、趣味、恋愛、スキルアップの5つにカテゴライズして集約しました。

どの群も「仕事」に関することを挙げた人が30％で一番多く、次に趣味に関することで、両者を合わせると2／3を占めました。P群の生活カテゴリーには、子育てに関しても含まれています。恋愛カテゴリーは、「彼女とのデート」とか「ぶ～けの交流会参加」などをカウントしました。スキルアップにまとめた内容は、「原付の免許を取る」「漢検がんばる」「リハビリ」「NPO〝ぴあ〟の活動」「仏業に励む」など趣味とは一味違うものをカウントしました。

興味深い結果は、生活に関することが、探群で他の群より統計的有意差をもって低いことです。先に見た支援者質問紙結果の「12指標による本人の印象」では、探群は、他の群と比して「生活改善への意欲」は高いとされていたのですが、自己評価では違っていました。この食い違いから二つのことが考えられます。ひとつは、支援者から見て好印象な「生活改善への意欲」ですが、当事者目線では「そんなの当たり前」なので「頑張っていること」にならないという見方です。もう

表5　今一番頑張っていること・好きなこと（実数：複数回答）

	仕事	生活	趣味	恋愛	スキルアップ	なし・空白
P群	20	15	20	1	5	6
交群	22	9	17	9	5	5
探群	27	4	34	3	6	12

一つは、支援者側はこの人達に「生活改善への意欲」を期待しているが、まだ特定のおつき合いをする人がいないこの人達にとっては、掃除や洗濯、買い物といった生活面で「頑張っている・好きだ」という気持ちになれないということなのかも知れません。

交際相手のいる人たちが、仕事や趣味に比して恋愛を挙げていないことも意外でした。恋愛にばかり夢中になっていてはいけないのですね。

「困っていること」、パートナー生活者の心配事はお相手のこと

カテゴリーごとに記述回答してもらいました。記述された選択数とその割合をカウントすると**表6**のようになりました。

どちらかというと日常生活のことよりも他のことに困ったことがあり、どの群も4等分あるいは5等分された結果になりました。

記述内容から、交際している人たちとパートナー生活者では「パートナーや相手のこと」に「困っている」ことの質的な違いが見られました。交際している人たちでは、「なかなかデートできない」ことを挙げている人がほとんどでしたが、パートナー生活者では「煙草を吸いすぎるのが心配」「買い物が多いのが心配」などパートナーの健康や浪費癖などを心配しているのです。パートナー生活者の困

表6　困っていること（実数と%）

	仕事	お金	人づきあい	日常生活	P・相手のこと	その他
P群	12(23%)	12(23%)	11(22%)	2(4%)	12(23%)	2(4%)
交群	12(23%)	10(19%)	10(19%)	6(11%)	14(26%)	2(2%)
探群	23(30%)	13(17%)	22(28%)	12(15%)		8(10%)

り感は相手を気遣う困り感となっているところが特徴的でした。
探している人たちには「パートナーやつき合っている人とのこと」という選択肢がなかったのですが、「人づきあい」と「その他」の項目の中に「早く彼氏をみつけたい」「彼女がいない」「別れてしまった」などの記述がありました。

困ったときに相談する人

どの群も、「ぶ〜け」担当者＋世話人＋職員＝法人関係者の割合が60％を超えていることは、調査対象者が南高愛隣会の支援・保護圏内で生活しているため当然と言えば当然だが、改めて「地域全体がコロニー」というこの法人の理念を感じることができる結果でした。他方「福祉・市役所の人、会社の人、民生委員、弁護士、先生、メル友」といった法人外の人とのつながりは希薄です。これらのカテゴリーを相談相手として挙げる当事者は在宅者でも未だ多くない（２０１４平井[21]）のですが、「施設解体による地域での普通の暮らし」をめざし、施設内虐待などの権利侵害を根絶するためには、法人外の人を相談相手とできる環境を作っていくことが今後の課題となるでしょう。

「将来の夢」は、現実的で実現可能性のあるふつうの夢

多様な夢が語られている自由記述回答の中から、結婚、一緒・二人、ペア生活・パートナー生活、好きな人、彼氏・彼女の各キーワード検索で上がった数値をカウントしてみました。**表7**はその一覧です。

　P群の「結婚」「一緒・二人」のうち4名は「ずっと結婚生活を続けたい」「一生一緒にいたい」などの回答、2名は現在未入籍なので「結婚したい」というものです。

　交群の80%、探群の53%が「P生活=結婚生活」を夢にしていることがわかりました。交群の他の9名の内訳は「実家に帰りたい」1「考えていない・わからない・なし」3無回答5でした。探群の他の回答は、「一人暮らし」3、「運転免許の取得」3、「お金持ち」2、その他「仕事を得る」、「家に帰る」、「バンド結成」などが挙げられていました。無回答は19名でした。

では、すでにパートナー生活（結婚生活）をしている人たちの夢はどのようなものでしょう?「子どもの成長や子どもが欲しい。良き父になる」など7、「マイホーム・一軒家」が7でした。他に「結婚のお披露目」3「運転免許」3「健康」3「旅行やコンサートに行く」2などですが、一番多かった回答は「二人で仲良くずっと」12というものでした。

　至極普通の生活者の夢が、ここにはありました。

　この「ふつうの夢」の価値は大きいと思います。筆者が2012年と2013年に調査した特別支援学校卒業生の実態追跡調査[22]でも84名の当事者から同じ設問

表7　P生活等を夢とする回答数（重複はない:合計%は全回答数に対する割合）

	結婚	一緒・二人	P生活	好きな人	彼氏・彼女	合計（%）
P群	4	2	0	0	0	6（14%）
交群	19	6	11	1	0	37（80%）
探群	22	7	9	2	4	44（53%）

のアンケート回答を得ました。平均26歳（最高齢34歳、最低齢19歳）で、「ぶ〜け」利用者と比べて若い人たちでしたし、グループホーム暮らしと在宅とが半々（パートナー生活者はいません）という構成でしたが、アンケート用紙に自分で回答を書き込んで答えられる人たちを対象にしている点では、両者の結果を比較することは可能でしょう。

無回答を除く45人の自由記述でしたが、結婚、一人暮らし、仕事、趣味、仲間、夢物語という6つのカテゴリーでほぼ集計ができました。夢物語というのは、「死んだじいちゃんをよみがえらせたい」「歌手になる」「プロ野球選手になる」「世界一のバスケット選手」「学生時代に戻りたい」など文字通りの夢レベルです。「ぶ〜け」利用者アンケートではほとんど見かけなかった夢物語ですが、これが一番多く14（31％）でした。次は仕事に関することで8（17％）、趣味と一人暮らしが7（15％）、結婚は5（11％）にとどまりました。

違いは歴然としています。「ぶ〜け」利用者は具体的で実現可能性のある夢を語っています。卒業生たちは、仕事や暮らしに関することでも「仕事を頑張る」「一人暮らし」のような漠然とした回答が目立ち、低学年小学生のような夢物語が1／3近く回答されていました。これと対比すると、パートナー生活者の回答のなんと大人っぽく普通なことか。

ノーマライゼーションはノーマルな生活体験の中から生まれると言うことがよくわかりました。

「夢をかなえるために今努力していることは?」から見えた「恋は努力の源」

では、こうした夢をかなえるために今どんなことに努力しているのでしょうか。**表8**のようにカテゴライズして集計しました。なお、P群ではスキルアップ(勉強する、趣味を極める努力)に関する回答はなくその代わりに健康に関することを挙げた人がいたので、同じ欄に集計しました。この設問への回答も群によっての特徴が表れました。

P群では、お金を貯めたり節約したりすることがトップで、コミュニケーション(相手への思いやり「ケンカしない」なども)や健康への留意、仕事や生活面のことがほぼ同率で並んでいました。夢の内容から見ても妥当な努力が並んでいると言えます。他の群では一つも挙げられていなかった「健康」がパートナーのいる生活への責任感の現れでしょう。

交群は、生活面での改善が一番で、仕事、お金、コミュニケーションが大半を占めていました。交際を発展させてパートナー生活に至るために、グループホームでの生活面の改善が世話人さんなどからも要求されているのだろうと思われます。

探群でも生活面がトップで、仕事、お金と続くのは交群と同じです。「彼氏・彼女を見つける」という夢のために、次に挙げられているのが「『ぶ~け』交流

表8　夢のために努力していること(実数:複数回答)

	仕事継続と向上	生活の改善	お金を貯める節約	コミュニケーション	スキルアップ(健康)	相談する	「ぶ~け」交流会参加
P群	5	5	9	6	6	0	0
交群	11	19	11	9	2	1	2
探群	9	13	6	4	4	3	5

会への出席」です。実はこの数値の中には「交流会になかなか出席できない」という悩みも含めてあります。また「相談すること」や「勉強する」などの努力も他の群に比して多く挙げられているのが特徴です。探群は交際相手を見つけるために多様な努力が求められていますが、約半数は別の夢を持っています。

次に、パートナー生活を夢として挙げていた人とそうでない人では、努力に違いがあるか見てみます。

交群でパートナー生活が夢とした人、探群でパートナー生活が夢とした人、交群＋探群でその他の夢の人の3群に分けて、それぞれの努力していることの記述内容をカウントしてみました。（一人で表の複数のカテゴリーを記述した人もいる）カウントした努力数を該当人数で割って出た一人あたり努力数を「努力値」としました。そして群間でどれだけ差があるか群間倍率を計算しました。一目瞭然、パートナー生活をめざしている人はそうでない人の1・8倍も努力課題を設定しています。さらに交際相手がいる人は、6倍になっています。恋は努力の源泉ですね。

表9　パートナー生活が目標の人とそうでない人の「努力値」の違い：クロス集計

	人数 a	努力数 b	努力値(b ÷ a)	群間倍率
交群でパートナー生活が夢	38	93	2.45	6倍、3.3倍
探群でパートナー生活が夢	36	27	0.75	1.8倍
交群＋探群でその他	56	23	0.41	1

第7章
交際相手を探している人への支援

1. 支援者アンケート結果

探している人への「ぶ～け」の支援はどんなことか、交際相手のいない、探している人たちを対象とした支援者への独自質問項目を作って、支援者の支援観や支援の実際を探りました。

今後パートナーをみつける上で、大切だと思うこと

「ぶ～け」交流会への参加、本人の積極性、支援者の後押し、友だちと仲良くなる、就労意欲の向上、生活態度の改善、異性へのやさしさ、その他という選択肢を用意し、その重要度順に、1、2、3、4、5と5番目まで番号を付けて回答してもらいました。

結果は第1順位に「本人の積極性」と「『ぶ～け』交流会への参加」がダントツで並び他の項目を圧倒していました。しかし、第1順位0の「支援者の後押し」や「友だちと仲良くなる」も第2順位以降多く選択されています。「支援者の後押し」が第1

表10　パートナーをみつける上で、大切だと思うこと

	第1位	第2位	第3位	第4位	第5位	合計
本人の積極性	27	18	8	5	4	62
「ぶ～け」交流会への参加	26	15	16	11	4	72
友だちと仲良くなる	6	7	10	15	11	49
異性へのやさしさ	5	5	12	7	8	37
支援者の後押し	0	12	15	8	18	53
生活態度の改善	6	7	2	12	7	34
就労意欲の向上	3	4	5	5	9	26
その他	4	4	0	0	0	8

順位に一つも挙げられていないのは、「ぶ〜け」運営方針に「くっつけたらダメ」というスタンスがあるからでしょうか。その他の記述回答には、「女性会員の増加」「生涯より添いたいという気持ちをもつ」「男らしさ（決断力）」「他人に対する配慮」「きもちの安定」などとともに、「ご本人は一般の人とおつき合いしたいと思っている」というものもありました。

パートナーを見つけることはできると思うか？

必ず見つけられる、たぶん見つけられる、何とも言えない、あまり期待できない、期待できないという5拓の回答を用意したためか、「何とも言えない」が一番多く、その次に「たぶん〜」と「あまり〜」が続き、「必ず見つけられる」と「期待できない」がほぼ同数で最も少ないという、きれいな山型の結果となってしまいました。「神のみぞ知る」ところなのかもしれません。

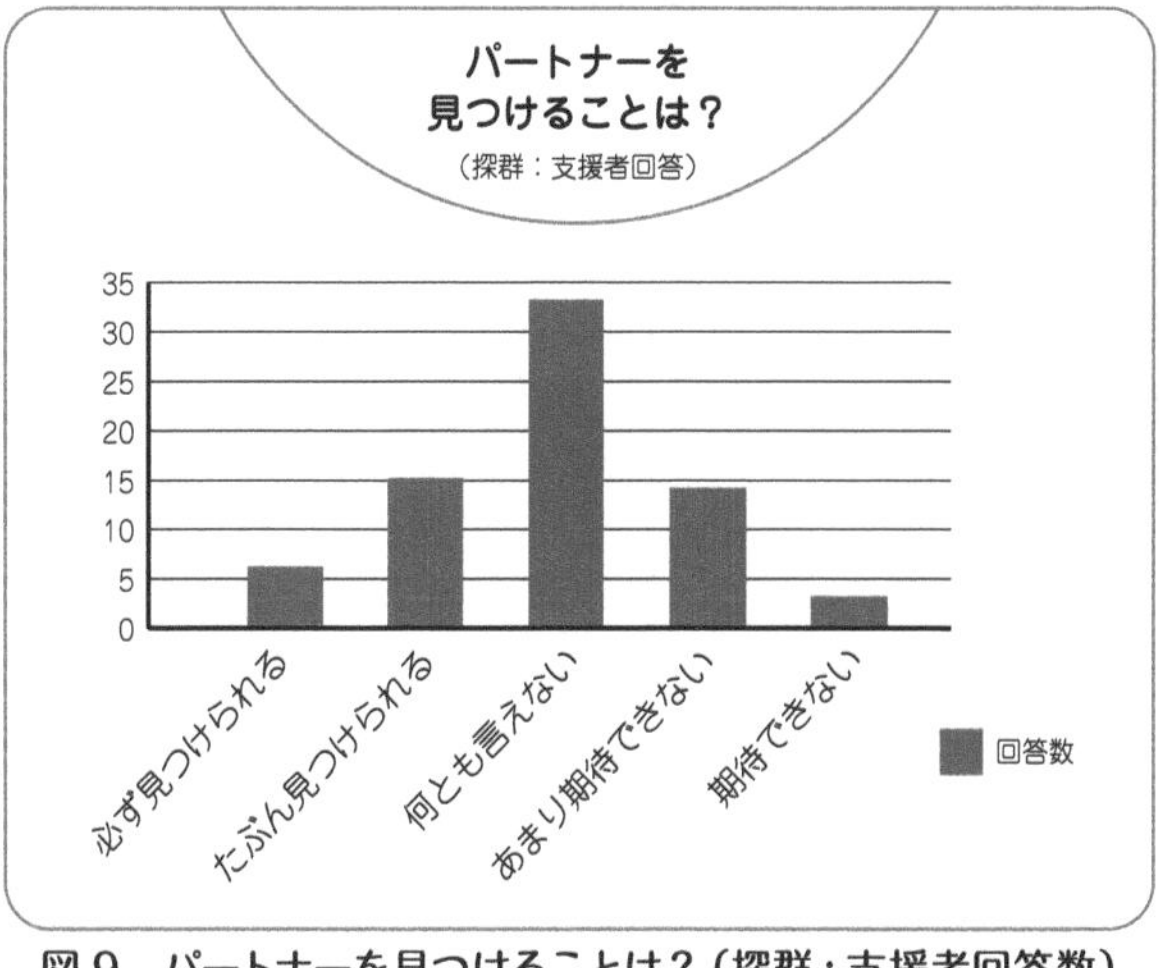

図９　パートナーを見つけることは？（探群：支援者回答数）

どのような支援をしているか？

「ぶ〜け」交流会への参加を促すという回答が32あり圧倒的に多く、次に「決められたルールを守る」「生活態度の改善、身だしなみ声掛け、TPOにあった服装などのアドバイス」「基本的生活を身に着ける、金銭管理を自分でできるようになる」「身だしなみ・小遣いについての支援」「たばこの量を減らす」など生活上の課題解決への支援が挙げられていました。3番目は、「もっと積極的に女性と会話をするようアドバイスする」等コミュニケーション支援に関する回答が続きました。

また、さまざまな行事への参加などおつき合いの機会を増やすための情報提供を挙げた回答も5あり、そのほかに「自分の気持ちにまっすぐな所がありすぎて相手の方に重荷にならないようにつねにアドバイスを行っています。一人でつっぱしるタイプなので一旦考えることも大事と話しています」「どういう女性が好きなのか聞き、そういう女性がいたら何げなく話すチャンスを作ってあげる」「途中で気持ちが変化したりするので状況を見て支援する。周囲に好かれないため対人関係の仲介必要」など、それぞれの利用者に合わせた具体的な支援内容を記述した回答もありました。

しかし中には「パートナーを見つける意欲はない」「興味はあるが会話ができない、話題にのせても反応がない、お母さんとの結びつきが強い」「あまり異性とおつき合いをしたいという気持ちがない」といった回答もあり、「ぶ〜け」交流会をパートナー探しの場というより、余暇活動の一つとして楽しんでいる利用者もいることがうかがわれました。

その他、注目した回答に次のようなものがありました。

●好きな異性に一筋であるため特別な支援は不要と思われる。
●ペア生活のための資金、仕事、協力し合うことをわかってもらうために話し、聞く体制をとり時間をかける。
●誰とでも良いというところがあり、ネットやメールのやり取りだけでつき合うことが多いため、きちんと相手と向かい会い、話しをし、お互いをきちんと知ることからはじめるよう支援している。
●以前パートナー生活をされていましたが、相手の方が自宅帰省されてしまいました。また○さんにふさわしい人が現れると良いと思いますが、いまはそっと……。
●パートナー生活を支援計画に載せ、計画的に進めていく。
最後の記述回答からは、パートナー生活への希望があれば、それを当事者ニーズとして支援計画に反映させていくことが、この地域の障害者福祉サービスのスタンダードになりつつあることを知ることができました。

では次に、交際相手を探しているお二人の男性を紹介します。一人目は、本書「はじめに」で触れた「ぶ〜け」の交流会「ホワイトデーイベント」に参加していた佐藤さんです。

2. 当事者インタビュー

パーティー会場の端っこに、ぽつんと一人座っていた佐藤さんに聞く

筆者が近づいて、「となりに座っていいですか?」と声をかけると、「最悪」という声が返ってきました。でも顔は笑っています。「ごめんな、ごめんよ」と手を合わせながら自己紹介し、インタビューの了解を得ました。

佐藤さんは、まだ「ぶ〜け」に登録したばかりです。お住まいを聞くと、ご実家の近くでアパート住まいです。最近まで実家で親と暮らしていたそうですが、今は家を出て南高愛隣会地域生活サービスセンターからホームヘルパーを週何回か派遣してもらいながら一人暮らしをしているのだそうです。小学校も中学校も今いる地元の普通学校でした。高等学校も地元の私立校に進学したそうですが、「あわんかったけん三日でやめた」とのこと。その後、知り合いのところで働き始め、今は大手食品メーカーに勤めています。ピザとかカレーとかエビチリとか作っているとのこと。冷凍食品のようです。

「今日は、意中の人がいるのですか?」と聞くと、「あー、わからないですねえ」とあいまいな答え。「まだ集まっていないので、来ているかいないかまだ分からないということですか」と聞くと、どうも、そういうわけでもなく漠然と参加した様子。「探している最中ということですね」、と念を押すと、そうだという。そこで彼女いない歴を問うと、35年だと言います。年齢は35歳とわかりました。見た目

はずっと若く見えます。

一人暮らしのスポーツマン、「一段落したから彼女でも作ろうか」

佐藤：一段落したので、他のことしようと思って……
平井：そうですか！　前の彼女さんとは、どんなことで別れてしまったのですか？
佐藤：いや、そうじゃなくて、前は走ってたんで
平井：えっ？　何が一段落したのですか
佐藤：陸上っす
平井：陸上？　陸上競技ですか。
佐藤：そうそう、前はもう陸上で、ずっと走っていて。で、もうなくなったから、こっちにこようかなって思って。
平井：陸上はどんな競技をしていたのですか。
佐藤：短距離です。
平井：それはすごいですね。で、なくなったというと……
佐藤：国体があったでしょ。あれに出たんです。
平井：国体に出たんですか！　凄いですね。
—長崎県はこの年、国民体育大会開催県となっており、第14回全国障害者スポーツ大会（愛称「長

崎がんばらんば大会〉陸上競技知的障害者部門は、佐藤さんの町で開催されていました。
佐藤：それで、もう終わってしまったけん。
平井：それで、今度は恋活に力を入れようと。
佐藤：まあ、そうです。
―「一段落」と聞いたはじめは、何を言っているのかわからなかった佐藤さんとの会話でしたが、どうやら「がんばらんば大会」に出場するために、陸上クラブを作って練習を重ねてきたらしいのです。結果をお聞きするのを忘れてしまいました。特にお目当ての人はいないと言った佐藤さんでしたが、座った端っこの席は、「ぶ～け」支援委員会ホワイトデーイベント担当M職員の前でした。会食に引き続いて行われたプレゼント交換やゲームの進行をやや冷めた目で見上げながら、時折その視線はM職員の方に注がれていました。

瑞宝太鼓団員、青山さんに聞く

―瑞宝太鼓の事務所でインタビューに応じてくれたのは、堀の深い精悍な顔立ちの好青年、24歳の青山秀一さん。全国大会2位の実績を持つ太鼓のプロ集団（就労継続支援A型事業所として専ら太鼓演奏によって収入を得ている）瑞宝太鼓の団員です。「ぶ～け」を利用してどんな感想をお持ちなのか、それからどんな希望があるのかお聞きしました。
青山：そうですね、まだ彼女がいないので早く彼女がつくれるように努力をしています。

平井：実際には「ぶ〜け」のどんな活動に参加しましたか。
青山：活動は…そんなに活動は参加できなくて、公演活動とかで長崎にいないことが多くて、なかなか参加できていないのが現状です。
平井：あー、そうですね。今までつき合ったことのある人はいましたか？
青山：二年前までは彼女がいたんですけれども、ちょっと仕事も忙しくてなかなか会えない日も多くていったん別れてしまいました。
平井：そうなんですか。それで、いずれは彼女をつくって結婚までしたいとそんな希望をもっていらっしゃる？
青山：そうです。
平井：やっぱり彼女がほしいって気持ちになったのは…どんなとこ？　…彼女のいるといないではどんなところが違いますか？
青山：えっと、そうですね。前までは彼女がいて、なんか安心感っていうか、なんか恋愛はその人が初めてだったのでドキドキっていうかワクワクするっていうかそういう感じがあって、別れてからなんか複雑感…孤独感が何か月間くらいありました。
平井：どんなタイプの人が好きですか。
青山：ゆっとりっていうか、のんびりっていうか、そういうタイプの人がすきです
平井：「ぶ〜け」の担当の方に相談したことはありますか？

青山：そうですね。やっぱ、仕事が忙しくてなかなかこう出会う人もいないですし、こういう人いませんかねって聞いてますけど、なかなかいないって。
平井：そこは紹介とかしてくれなかったの？
青山：紹介はあったんですけど
平井：「この子はどう？」って？
青山：はい。ちょっと年齢の格差とかあっちゃって……
―紹介してくれた女性は年上で、タイプではなかった様子です。

子ども時代はずっといじめられてきたが、太鼓との出会いで人生が変わった

―さて、青山さんは、私の「一番小さい頃の思い出で記憶に残っていることはどんなことがあります？」という問いに、
青山：ちっちゃいころは、小学校から中学生まではいじめにずっとあってきて、暴力や人権差別があって、ほとんど学校に行ってないです。ひきこもり……
―と、答えました。中学になってから障害があることがわかり特殊学級に入りましたが、小学校の時は身体が弱く運動もできず、人が怖くて人と話すこともできなかったそうです。級友に「ガリガリ君」と呼ばれていたそうです。ちょっと今の青山さんからは想像できません。
青山：学校に行く途中で、体が震えてしまって途中で帰ったりしていました。それで特殊学級に入っ

て、で、高校は特別支援学校に行きました。
平井：特別支援学校の高等部に行ったのですね。それでここにつながったのはどういうきっかけ？
青山：高校のときに和太鼓部があって和太鼓部に入ったんですよ。それで和太鼓一生懸命がんばって、高校二年生の時に瑞宝太鼓のコンサートを見たんですね。で、メンバーの演奏に衝撃受けて僕の夢はここだって決めて入団しました。
平井：でも、ガリガリとか呼ばれていたあなたが……太鼓ってものすごい体力使うでしょ
青山：そうですね。だから、こっちにきてから、10キロくらい太りましたね。筋肉がついて。
平井：それはいい話ですね。じゃあ太鼓っていうのは青山さんにとっては……
青山：もう誇りですね、人生を変えてくれたので。太鼓を通じて人前に立てるようになったし話せるようになったし、こうやって活動できるし……

——青山さんは、太鼓の仲間とともに各地で公演しています。今後は構成とか演出とか自分たちで考えてコンサートを仕上げていくことが目標とのことです。恋愛の方の目標や課題は、どうなのでしょう？

結婚して両親を安心させたい

平井：彼女を作るためにあなた自身はどんなことをしないといけないないと思っていますか？
青山：そうですね

平井：なかなか仕事が忙しくてイベントも出られないということですけど……

青山：そうですね。可能な限り、一緒にいてあげたいなとは思っていますね……もしできたら、ですけど……

平井：彼女ができたら彼女とどんなことがしたい？

青山：そこまで深く考えたことはないですけど、まあこうやって両親にもいっぱい迷惑かけてきたことがあったので、無事に結婚して安心させたいですね。

平井：偉いですね～。子どもはほしいですか

青山：はい、妹がまだ中学生なんですよ。で、子どもは結構好きです。

平井：「ぶ～け」の人たちにこんなことしてほしいとか言いたいことありません？

青山：お見合いとかないんですかと、ぼそって聞いてみたんですよ。「考えてみます」って言われています。

――太鼓以外にはバレーボールを楽しむこともあるというが、他にはお金を使うこともなく月12万～16万入る給料のほとんどは貯金しているという青山さん。若いこともあってか、話の雰囲気からはそれほどの切実さは感じられませんでしたが、結婚や子育てを見据えた将来展望をしっかり見据えていました。

第8章
交際している人への支援

1. 支援者アンケート結果

この章では前章に続き、まず支援者アンケート調査結果から交際している人たちの交際に至った経過や支援していること、交際を続け結婚にまで行きつくにはどのようなことが大切かなどを見ていきます。その後、交際中の当事者の声を紹介します。

「交際経験と交際に至った経過、交際中の行動」は、ほぼ「健全な」おつき合い

現在交際中の人たちのこれまでの交際経験を聞いたところ、1回の人10名、2回8名、3回3名、4回1名、それ以上2名（この2名は、10回と12回）、空白（不明含む）17名という結果で、記入支援者が当事者の交際経験について比較的よく把握している印象を持ちました。これは「ぶ〜け」10年の歴史を感じることのできる結果ともいえます。

現在の交際相手との交際期間は、1年未満が6名、1年以上2年未満が16名、2年以上が9名、空白（不明含む）8名でした。「交際は年に数回会うだけ」という関係の人が2名いました。

交際のきっかけは、「ぶ〜け」交流会21名、就労先0名、訓練校等4名、行事・まつり3名、友だちや世話人の紹介3名、クラブ活動等3名、その他2名、空白6名となっていて「ぶ〜け」交流会がきっかけとなった人が半数を占めています。就労先は0名、旧通勤寮である宿泊型自立訓練も2名という回答でした。南高愛隣会関連施設である能力開発センターに通う生徒は宿泊型自立訓練を利用しているので、これを含めて「訓練校等」として集約しましたがかなり少ない結果となりました。先行研究（河東田2013）では、通勤寮が出会いの場として大きな比重を占めていたので訓練校等は多いのかと思っていましたが予想に反する結果でした。この理由は聞き取り調査によりわかりました。長崎能力開発センター在学中の恋愛・交際は認められていませんし、訓練施設（旧通勤寮、宿泊型自立訓練、更生保護施設、社会内訓練事業を利用する人のためのグループホーム等）でもご法度です。こうした訓練施設を「卒業」して晴れてグループホームやアパート生活をおくるようになった人と在宅の人だけが「ぶ〜け」を利用できるし、世話人さんたち公認で交際が始められる仕組みになっています。

記入者（世話人等）が把握している交際中の行動は、「ぶ〜け」交流会33名が圧倒的に多く、食事13名、ショッピング12名と続きます。夜のデートは1名、ホテル、ネットカフェ、遊園地は0名でした。地域性もあるでしょうが、ほぼ「健全な」おつき合いをしているようです。

「交際中になる上で最も影響を持った支援」は、「ぶ〜け」交流会

この設問では、これまでの支援例をもとに共同研究プロジェクトで検討し、あらかじめ次の8つの回答選択肢を用意しました。①「ぶ〜け」の交流会、②スキルアップスクール（「ぶ〜け」が実施する身だしなみ講座など）、③「ぶ〜け」担当者の個別支援、④生活実習（南高愛隣会の空グループホーム部屋を使って、P生活を試しに数週間体験すること）、⑤ホーム世話人の支援、⑥仕事先の支援、

⑦仲間の支援、⑧家族の支援である。これに自由記述欄を設けて優先順位を1～5までつけて聞きました。

結果は、**表11**のとおりです。「ぶ～け」に関連する支援が大きなウエイトを占めています。

その他には、本人たちの意思・気持ち2、グループホーム管理者等職員の支援4、デイケアヘルパーさんの利用などが挙げられていました。

「交際中に問題となったこと、なっていること」の一番は「二人の食い違い」

全体としてそれほど多くなく、「二人の間で」が一番多く、中でも「趣向や意見の食い違い」が10、「性に関する不一致」1、その他5でした。具体的には、「女性の性的欲求が強い。お互いのホームに入り込んで性行為。避妊とデートの仕方について約束（させた）」「デートの約束をしていたが、突然の仕事で、行き違いになったりしていた。その後、TELにて話をし、納得をし、又デートされるように

表11　交際中に影響を持った支援5順位（交群）

	1位	2位	3位	4位	5位	合計
「ぶ～け」の交流会	18	7	5	1	0	31
スキルアップスクール	0	2	3	2	2	9
「ぶ～け」担当者の個別支援	11	12	5	1	1	30
生活実習	0	0	1	2	1	4
ホーム世話人の支援	4	9	8	6	0	27
仕事先の支援	0	0	3	2	4	9
仲間の支援	2	1	0	4	6	13
家族の支援	0	0	1	3	5	9
その他	0	0	2	1	0	3
空白	6	10	13	19	22	70

なった」「お二人の間での交際経験の差」などの記述がありました。他に「浮気」1、「親や親類との関係」5、「住まいの場所」3、「お金の使い方」3、「就労場所や時間」2、「その他の問題」12が挙げられていました。

「親や親類との関係」では、親の反対や不安がっているというものの他に、「親の方が積極的過ぎて困惑している」や「親にも知的障害があるため丁寧な説明をしている」という記述がありました。

「お金の使い方」では、「彼女へのプレゼント購入しているとき、隠していたので、コソコソとした行動はよくないと伝えている。買うのは悪いことではないが、ちゃんと相談するように」「高額アクセサリーをお相手にプレゼントされるが（クレジット）一部解約手続きへ」「電話代二万円近く」などがありました。

「就労場所や時間」では、「二人の休みが合わず、会える機会が少ない」「二人の距離が離れているためご本人の気持ちが離れてしまう」などでした。

その他、「本人がパートナー生活は時期尚早であると感じている。給与もまだ少ないし、今は太鼓を頑張りたい、と彼女へ伝えている。職員も本人の意見を尊重し、相手側の担当者と情報交換をしながらアドバイスをしている」「彼女が元彼の話をよくされることがあり本人は快く思っていない。本人の気持ちを受け止め、「ぶ～け」職員や彼女の担当事業者へ情報としてお伝えする」「携帯でのやりとりで見えない部分がでてきている」「外でデートをするため近隣の方々よりキスや抱きついたりする様子が目撃され、うわさされている。本人に話すが周りのことは気にされていない」「生活の場が遠く離れていることもあり、彼の過剰な嫉妬・束縛があり、ペア生活をしたいが不安ももっている。会う回数を増やしてきた」「現在はデートはヘルパーさん同行で行っている。まずはデートを自分たちで計画し実施できるようにアドバイス。二人の関係がまだ成熟しておらず時期尚早」「交流会に参加した時に公然とベタベタしすぎている。仲がいいのはいいが、周囲の状況を見て行動するようにアドバイス」など多岐にわたる問題と支援が記述されていました。

「現在の支援内容」、1位は身だしなみ、2位は金銭管理

この項目では、以下の具体例を挙げて選択と記述両面から回答を求めました。各選択数は**図10「現在の支援内容　交群」**を見てください。

以下に自由記述の抜粋を紹介します。

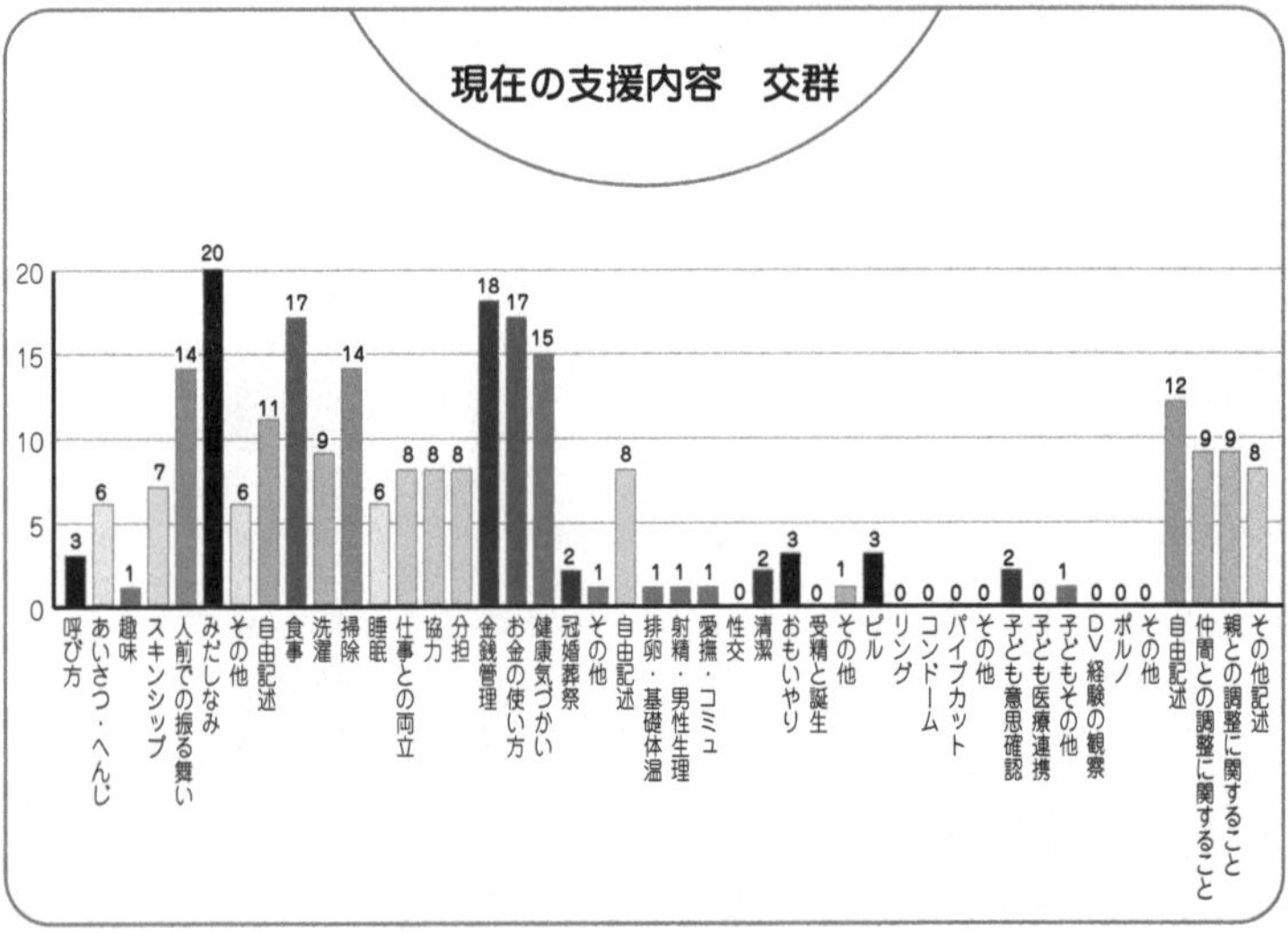

図10　現在の支援内容　交群

①いっしょに活動する仕方、コミュニケーションの取り方
2人とも性的関心は高いので成人した男性としての立ち振る舞いや責任についてのアドバイスをしている。目上の人とのコミュニケーション。服薬管理。地域への目。デートの日を決める。プレゼントなどの相談に乗る。夜遅くに外でべたべたしており地域から不審がられるのでミュニケーションのとり方・距離感。情緒面の安定。本人の障害程度的に重度であるため1つ1つに対してアドバイス必要。
②家庭生活に関すること
パートナー生活をする可能性もあるため相手と協力し合いなど自立できる様な働きかけを心掛けている。生活費を滞納する・小遣いが足りないと年金をあてにする。支援に対して拒否的になり暴言あり。食事の準備や女性としての思いやり。情緒面の安定を図る。パートナー生活の希望もあるため日常生活においてパートナー生活を目標としたアドバイスをしている。偏食や貧血等アドバイス行っている。
③性生活に関すること
男性としての責任について話を行う。本人は潜在的にDVの可能性を秘めているので、現時点ではその様な行動は見られていないが本人の精神状態によっては危惧されるところもあり。性的欲求の解消法についての助言指導↓相談を本人ができていない。男性職員に相談・指導を受けておられる。ご本人は性への関心が強いが、相手の方はいまいち理解されてないため二人の関係についてアドバイスが必要。性的な関わりは今のところ無し。男性の方へは個別指導が行われている。パートナー生活が

実現できるまではなるだけそういう行為は行わないようにと話している。性的な関わりまで発展していない。

④仲間との調整に関すること

現在、同居人と時々トラブルあり。「ぶ～け」交流会への申し込み。自己主張しすぎないように。対面でのトラブルが多くカウンセリングが必要。

⑤親や親類との調整に関すること

本人の家庭環境の背景より、ご家族の支援者との情報交換を行う。本人を取り巻く環境を理解することで、次なるステップに進むときの判断を慎重に行えるようにしている。親御さんの思い等連絡をとりあっています。親は一緒に住むことはまだ早いと思っている。親に恵まれず、あんしんファミリー加入。在宅からグループホームに来られ、親子でよく話される（親離れできていない）家族にはお茶飲み友達程度と思われている。定期的に情報を報告する。親との関わりのところで精神的な乱れが見られる。彼の母親とお会いした際には、失礼の無いよう挨拶などができるようにアドバイスをしている。

⑥その他

本人は今仕事に集中したいのだが、彼女が年上ということもあり、早くパートナー生活をしたいとの希望あり。彼女はパートナー生活や結婚への焦りもあり、気持ちがフラフラしている。本人は彼女への想いはあるが、（本人の支援者側より受け取る印象では）太鼓への想いが強い。互いに情報交換しながら様子観察中。下着への固執（犯罪予防学習会への参加）がなかなか改善されない。ご本人は現在の会社へ通勤できる住所でペア生活を希望しているが、お相手は自分の住まいの近くに本人に来てほしい希望あり。お相手の家族の方が積極的にご本人との結婚を急いでおられる様子があります。ホームでもテンションが上がると変な声を出したりする事がある。近所からも苦情があったことがある。非社会的な行動がありH29年まではヘルパー付のデートをしていますのでそれまではパートナー生活はできないと思っています。デートの計画をする際に世話人のアドバイスがあっても内容を立案することが難しいので事前に担当者どうしにて打合せしてからデートの提案をしている。

「今後、交際を継続していく上で、大切だと思うこと」、筆頭は「本人の相談姿勢」

「本人の相談姿勢」と「相手への思いやり」が第1順位で多く指摘され全体としても重視されています。「支援者の相談支援」は第1順位には1名しかいないが、第2順位、第3順位で高く

表12　交際を継続していく上で大切なこと

	1	2	3	4	5	計
「ぶ～け」スキルアップ講座等への参加	7	0	3	8	5	23
本人の相談姿勢	11	7	9	2	2	31
支援者の相談支援	1	10	10	3	5	29
家事の協力	1	3	1	7	2	14
就労意欲の向上	0	2	2	6	6	16
生活態度の改善	6	9	7	2	5	29
相手へのおもいやり	9	6	3	6	5	29
その他	3	1	0	0	0	4

なっています。あわせて「生活態度の改善」も全般的に挙げられています。

回答傾向から、個々に応じて課題が違うことが認められました。

「交際からパートナー生活に至るうえで、今後影響をもつと思う支援」は「ぶ〜け」の関与

交際中になる上で影響を持った支援と同じ項目から選ぶ設問です。第1順位に「ぶ〜け」交流会が12、第2順位に「ぶ〜け」担当者の個別支援が11と「ぶ〜け」関与の大きさは、交際に影響を持った支援とほぼ同様の結果になっています。しかし、第1順位8ポイントのホーム世話人の支援は、第2第3順位でも数が多く全体として「ぶ〜け」担当者の個別支援と並んでいることと、生活実習の比重が高くなっていることが見て取れます。仕事先、仲間、家族の支援は全体としてそう大きな比重を占めていないが、第1順位、第2順位に挙げられている人もいて、ここでも一人

表13 「パートナー生活」に至るうえで、今後影響をもつと思う支援5順位

	1位	2位	3位	4位	5位	計
「ぶ〜け」の交流会	12	3	4	3	0	22
スキルアップスクール	0	3	0	3	3	9
「ぶ〜け」担当者の個別支援	5	11	8	3	0	27
生活実習	2	4	2	5	6	19
ホーム世話人の支援	8	6	6	2	5	27
仕事先の支援	0	1	1	3	2	7
仲間の支援	1	0	2	2	2	7
家族の支援	1	0	3	1	4	9
その他	4	1	0	2	1	8
空白	8	12	15	17	18	70

一人多様な支援課題があることが推察されます。また、その他の中には「パートナー生活は現実的ではない、茶飲み友達としておつき合いを継続できればよい」趣旨の記述もありました。

「二人の今後の見通し」は、きれいに山型の回答

必ず「パートナー生活」にゴールできる5、たぶんゴールできる5、なんとも言えない13、あまり期待できない5、期待できない7、回答なし6、という結果でした。つまり1／4は期待でき、1／4は期待できず、半数は「何とも言えない（＋無回答）」という結果で、こればかりは「お釈迦様でもわからない」ということでしょうか。なかには、「一度パートナー生活をスタートするも、理想と現実のギャップを女性側が感じ、途中でパートナー生活はストップする」などと予言めいた記述も。これもまた、恋愛・結婚支援の蓄積を感じさせる記述です。

2. 当事者インタビュー

7年越しの恋を実らせようとしている神崎さん

―神崎郁乃さんは「愛野」という町にある素敵な構えのアパートに住んでいます。ルームメイトと二人で2LDKの部屋を使っています。ここもグループホームです。そして30歳の神崎さんには、7

年越しの恋人がいます。

平井：おつきあいするまでのお話を聞かせてください、最初に「ぶ～け」に登録して紹介されたのですか？

神崎：「能開」にいる時からちょっと気になってはいたんです。そのとき私は、別に好きな人がいたのですが、でもずっと気になっていて……。卒業してからこっちに来て、映画鑑賞会があり、その時に会ったんですよ。

平井：久しぶりに会ったのですね。もう別の好きな人のことは忘れていた？

神崎：はい。そこで携帯番号の交換をして、メールのやり取りをすることになって。最初話しをもちかけたのは私からだったんです。

平井：どんなふうに？

神崎：私が『好きなんやけど』って送って、『そうなんだ』ってきたけん『いま彼女おる？』ってきいたら『おらんよ』ってきたけん……

平井：うん、今どきの交際の仕方だね、メルアドの交換から始まったのですね。交際してどのくらい経ちます？

神崎：交際してもうすぐ一年ですね。

おつき合いの進み具合は、キスまで

平井：この一年間どんなおつきあいをしてきましたか？

神崎：まあ、むこうが年上だからデートするにしても場所は決めてくれる。デートに行きたいときは向こうに任せてる。たまに行きたい場所があったら『ここ行きたい』って言って。『良いよ』って言ってくれる。

平井：頼りになるひとなんですね？　どんなところいきましたか？

神崎：いままでは長崎とか。大村とか。ジャスコに行ったり、大村公園に菖蒲の花を見に行ったんです。

平井：どんな話をするのですか？

神崎：困っていることの相談に乗ってもらったりとか、面白い話したりとか

平井：面白い人？

神崎：はい。面白いっていうか、優しい。

平井：いろいろ相談に乗ってくれるんですね。

神崎：はい

平井：一年間つき合っていて、どこまで進んだのでしょう？

神崎：そうですね、たまに手をつないだり、たまにキスしたり。それ以外はダメって。

平井：それ以外はダメってことなのね。

神崎：結婚するまではダメって。子どもができるかもしれないし。もし、我慢できなくてしたいんで

あれば「ぶ〜け」担当に相談しなさいって。

平井：それを守っておつき合いをしているんですね。それで「ぶ〜け」担当にはどんなことを支援してもらったり教えてもらったりしていますか？

神崎：『どこにデートしに行ったの？』って聞かれるから答えたり、『どうやった？』と聞かれるけん『楽しかった』って言ったり。

平井：子どもができないための避妊の仕方とか、そういうことは教えてもらいましたか？

神崎：むこう（彼の方）が、（担当から）話があったって言っていた。

平井：これからのことを教えてください。どうしたいと思っていますか？

神崎：これからパートナー生活をして、結婚して、子供がほしいなと思っています

平井：まずはパートナー生活して、しているうちに「結婚してもいいかな」ってなったら結婚するような感じでしょうか？

パートナー生活への障壁

神崎：パートナー生活は半年する予定です。半年たったら結婚できるかな？

平井：そのために準備していることはありますか？

神崎：自分ができてないところがあるから、そこをがんばって直す。

平井：どこができていないのですか？

神崎：身の回りの整理整頓。
平井：他に課題は？
神崎：他に、料理をいろいろ覚えたい。
平井：いままでどんな料理をおぼえましたか？
神崎：今までは煮物、卵焼き、あとはお鍋関係。
平井：すごいね。料理の本見ながら作って、それを時々彼氏に食べさせたりすること、ある？
神崎：ない。
平井：あとはどうですか？　パートナー生活に向けて準備していることはありますか？
神崎：お金の無駄遣い。
平井：いままでどんな無駄遣いをしちゃいました？
神崎：おろしすぎて通帳の残高マイナスが続いていたので。
平井：何を買いすぎちゃうの？
神崎：アルコールが飲めるから。
平井：お酒で使っちゃうの？（笑）お酒は何が好きなんですか？
神崎：ビール、カクテル、酎ハイ。日本酒も飲める。焼酎も飲める。焼酎と日本酒飲めるようになったのは彼氏とつき合いだしてから。
平井：彼も飲むの？

神崎：のむ（笑）
平井：デートの時に二人で飲んだりもします？
神崎：缶ビールを買って、ベンチとかに座って。つまみ買って……。でもそれは向こうが全部出してくれる。『よかよ。買ってやるよ』って。
平井：太っ腹なんですね。
神崎：向こうは結構給料がいいらしくて。
平井：お金のことは結婚生活を始めたら今度は二人でやり繰りしないといけないよね。その辺のことは、世話人さんに教えてもらっていますか？
神崎：うん。それを担当の世話人さんと一緒に勉強しながら『今回使いすぎだから、注意しないと』って、やっている。
平井：そうやってお金のことも勉強しているんだね。子どもはどうですか。ほしい？
神崎：ほしい。でも、先輩から大変とは聞いている。
平井：先輩というのは？
神崎：職場のおばちゃんたちから。子供は最初はかわいいけど、やんちゃになって大変だよとは聞く。
平井：やんちゃになってね（笑）。
神崎：あと、陣痛とかはきついとか聞く。
平井：怖くない？　子供産むときの。

神崎：そうやって聞いたとき大丈夫かなって考えたことがある。
平井：女の人はそこが人生最大の苦痛だから。みんなそれを乗り越えて産んでいるからね。子供産むと女性は強くなるんだよね。ところで彼氏に不満とかないんですか？
神崎：ない。
平井：そうですか。ところで彼とは趣味はあうんですか？
神崎：はい。カラオケは両方とも好き。
平井：デートでカラオケにも行っているのかな？
神崎：いや。デートでは行かないです。でも、たまに仲がいいグループで遊ぶときは一緒に行って歌ったりする。
平井：カラオケなんかはグループのほうが楽しいよね。
神崎：デュエットしたりして。
平井：そっか。そういう時にみんなに見せつけるんだ（笑）

―7年越しで、ようやくおつき合いを始めた神崎さん。優しい彼との愛を育んでいるようです。しかし、お酒好きでお金の使い方や整理整頓など、これから乗り越えるべき課題もかなりありそうなお話ぶり。「ぶ〜け」担当者や世話人さんからしっかり指導されている様子。色々と制約があったり課題を課されたりしてのおつき合いが、望み通り成就することを祈ってお暇しました。

第9章 パートナー生活者への支援

1. 支援者アンケート結果

結婚や同棲生活を送っているパートナー生活者17世帯34名の支援者からのアンケート回答は、大変分厚いものになりました。その多くはグループホームの世話人ですが、それぞれの支援者の思いが濃厚に込められていました。交際のきっかけ、現在の状況、支援内容、今後の見通しまで順にみていきましょう。

交際のきっかけ、交際中の二人の行動（デート場所）は、管理下で？

交際のきっかけを整理すると、「ぶ〜け」交流会7、施設で知り合った4、自発的恋愛2、他人の勧め1、その他・不明2となる。「自発的恋愛」とは「友だちのところに遊びに行き知り合う」「お互いずっと思いを寄せていた」という記述のある二組で、どちらもP生活歴15年、21年という「ぶ〜け」ができる以前にP生活を始めた世帯です。

「ぶ〜け」ができたことで、交流会など出会いの場が増えたことと、これまでの思いを積極的に出せるようになったということでもあるのでしょう。

交際中に二人が出かけた場所では、多い順に、食事・ショッピング・街ブラ11、映画・法人行事・「ぶ〜け」イベント各5、カラオケ・お祭り・町の行事各3、ボーリング1、その他2（プリクラ、「ぶ〜け」

担当付き添い3人デート）であり、遊園地、公園、ホテル、夜のデートは0でした。ホテルはともかく、公園や夜のデートがないことは不思議な気がします。世話人が把握していないか、交際中の「決まり」がそれだけ厳しかったのかもしれません。この結果は、現在交際中の人の行動とほぼ同じ結果でした。

「交際中になるうえで、影響をもった支援」は、「ぶ～け」担当者の個別支援

この設問でも、これまでの支援例をもとに共同研究プロジェクトで検討し、あらかじめ次の8つの回答選択肢を用意しました。①「ぶ～け」の交流会、②スキルアップスクール（「ぶ～け」が実施する身だしなみ講座など）、③「ぶ～け」担当者の個別支援、④生活実習（南高愛隣会の空きグループホーム部屋を使って、P生活を試しに数週間体験すること）、⑤ホーム世話人の支援、⑥仕事先の支援、⑦仲間の支援、⑧家族の支援です。これに自由記述欄を設けて優先順位を1～5までつけて聞きました。

結果の一覧は**表14**のとおりです。第1順位は「「ぶ～け」担当者の個別支援」7ケースで一番多かったです。次に「ホーム世話人の支援」で、これは第2順位で一番多い5ケースが上がっています。「家族の支援」は、第3順位、第4順位で3、4とあらわれることから、どちらかというと補助的・補完的な影響を与えたと考えられます。

この結果は、交際中の人たちとほぼ同じですが、一つだけ違う点は「ぶ～け」の交流会が交際中の人たちでは一番多い影響因子となっているのに、パートナー生活をしている人たちではあまり大きな比重を占めていないことでした。交際の「きっかけ」としては比重が高いのですが、パートナー生活にまで至る、結婚前提の交際に関しては他の要因の方が大きいと支援者は判断しているのでしょう。このことは、次のことも関連しています。

本来P生活への移行を確かめるために導入された「生活実習」が、この設問で合計8も回答されていますが、これは「交際中」というものをどうとらえるかの認識に幅があることの反映でしょう。互いに「気がある」段階から「交際中」になる(法人関係者や周囲公認の二人だけのつき合いを始める)ために「生活実習」を体験させるということもあったのだろうと推察されます。

「パートナーとの生活に至るうえで、影響をもった支援」ではホーム世話人の支援が大きい

では、P生活にゴールするうえで影響を持った支援順位はどうでしょうか？　前項と同じ回答を用意し聞きました。

こちらでは、「ホーム世話人の支援」が第1順位から第3順

表14　交際に影響をもった支援順位

順位	1	2	3	4	5	計
「ぶ〜け」の交流会	1	1	2	2	1	7
スキルアップスクール	0	0	0	1	1	2
「ぶ〜け」担当者の個別支援	7	3	0	0	0	10
生活実習	2	1	3	1	1	8
ホーム世話人の支援	3	5	3	0	0	11
仕事先の支援	0	1	1	1	3	6
仲間の支援	0	1	1	1	1	4
家族の支援	0	1	3	4	0	8
空白	4	4	4	7	9	28

位まで4ずつ挙げられています。「「ぶ～け」担当者の個別支援」は、第2順位で7となっています。「生活実習」も比較的大きな比重を占めています。「「ぶ～け」の交流会」が決め手となったケースも2件ありました。「家族の支援」は、第4順位に5あり、やはり補完的に効いてくるようです。

「パートナー生活に至るポイント（自由記述）」は、それぞれ

さらにパートナー生活に至る上でのポイントとなった事柄を自由記述で聞きました。

- ○さんのお母さんの働きかけ。結婚したいという2人の想い。
- 将来の事を考えたら結婚となったとの事
- 一定期間パートナー生活となるための生活実習を行い、お互いに支えあう姿が見られ、二人の良いところを引き出すことができた。（表情もよく穏やかであり精神状態も安定）夫の両親もパートナー生活に対して積極的に支援してくださった。入籍前に年賀状で二人の写真入りの年賀状を送っ

表15　パートナーとなる影響順位

順位	1	2	3	4	5	計
「ぶ～け」の交流会	2	0	0	0	2	4
スキルアップスクール	0	0	0	1	0	1
「ぶ～け」担当者の個別支援	1	7	2	1	0	11
生活実習	3	0	5	0	0	8
ホーム世話人の支援	4	4	4	1	0	13
仕事先の支援	1	0	1	1	1	4
仲間の支援	0	1	0	1	3	5
家族の支援	1	0	0	5	1	7
空白	5	5	5	7	10	32

たら、夫の姉より「結婚していないのに非常識」と批判があり、親戚に顔向けできないということで、結婚することになった。本人たちは妻の30歳前に籍を入れたいという希望があった。

●「ぶ〜け」企画への参加
●仲間がパートナー生活へと移っていったこと。
●男性の方からのアプローチ
●クリスマス会
●交際中より仲が良かったが叔母に反対されていた。「ぶ〜け」職員とともに叔母を説得しパートナー生活の許可が出た。
●○さんが◎さんを思う気持ちを担当世話人さんがくみ上げた結果。
●夫がずっと好きだったこと

「交際からゴールまでに問題となったこととその解決」は、多種多様

しかし、そこに至るまでには様々な障壁があり、それをどのように解決したか知ることは、今後の教訓となりうると考え、次の設問を用意しました。

結果は、用意した14カテゴリーのうち9カテゴリーで問題があり、その他の記述が合計30もありました。わずか17組の事例に以下の問題があり、解決して（していないものもある）パートナー生活にまで漕ぎつけているのです。

①二人の間で：趣向や意見の食い違い1、性に関する不一致1、その他6（誤解0）
●相手の精神的不安定（イライラ時等）の対処の仕方、ストレス発散や相談できる人や環境への配慮を行っている。
●女性のほうが性的な関心が強いが、男性はイマイチ。2人の仲を盛り上げるように、世話人からアプローチ。
●Nから職場のMまでの出勤をどうするか……？　何度もケース会議を開き、その後保護者の方に逐一報告し、マンションを借りて実習。すべて保護者に話は通してきました。
●○さんが勝手にパソコンを注文されたことで世話人へ相談し解約した。
●女性の気分の浮き沈みが激しい、男性は片づけが苦手
②他の友だちとの関係で：友だちが邪魔した1、その他4（浮気した0、友だちに迷惑0）
●パートナーがいない時に許可なく知人の女性をホームに入れる。何もないのはわかっているが、相手の気持ちを考えるようにアドバイス。誤解を招くような行動は控えるように。
●男性が、他の女性に対して関心がある。
●相手を思いやる気持ちを大切にし、他人に思わせぶりな行動をしないようアドバイス
③親や親類との関係で：親の無理解3、その他8（親からの搾取0、親類の反対0）
●女性側の両親も知的障害があると思われ理解が低い。判断のできる親戚や姉妹の協力を頂いた。男性側の親戚とのつき合いができないようであれば結婚は難しい、との意見があり、本人へ嫁に

なる者としての振る舞いやおつき合いに関する助言をし、保護者への理解の浸透を図る。
●男性が母親への思いが強く、母親も愛情が強い。女性の方への理解がない。
●男性側の保護者様のところへ伺い、お願いに行き、「ぶ～け」の話をしました。
●姉の無理解　何度も話し合いをした。
●二人とも頼れる親類がいない。
●叔母との対立。

④住まい、就労、お金に関すること：住まいの場所3、就労先の場所1、お金の使い方6、貯金や財産2、その他9（就労時間等0）
●二人の就労先の中間地点でのグループホームを創設。
●二人とも浪費傾向があり給与収入では足りず年金を補てん。将来子育ての希望もありお金の使い方や節約方法など一緒に考えている。
●二人とも持病をもっているので、互いに気遣えるように薬確認のアドバイスをする。また緊急時に対応できるようにセコムと契約した。女性は手術をしているため、パートナー生活を始めたとき、結婚前に主治医のところで二人受診し彼女の体の状態を直接説明していただいた。
●男性が女性のお金をつかうようになった。小遣い帳チェックをまめに行うようにした。
●彼女が乗り物に乗れず、彼女がNにMより来ることになり、職場へ通勤できるかの不安あり。彼が毎日慣れるまでNよりMまで送り、その後自分の会社へ出社することを自ら買って出て、成し遂げました。

●女性は「二人のお金としてやりくりしたい」男性は「自分のお金は自分のものとしたい」と意見が違い、収支についてはそれぞれで管理することにしようと話し合う。

●住まいの場所のことで親類より反対されグループホームへ入所

●叔母が年金をパートナーに持っていかれてないか心配されていた。

●男性が女性のお金を使ってしまう。そこで女性が不安定になってしまう。

お金の使い方に関する問題や親・親類の理解を得ることなどが多く挙げられていたが、その他は様々でした。

パートナー生活者17世帯の状況（形態、住居。家計、生活費）

こうしてパートナー生活に漕ぎつけた17世帯の生活ぶりを次に見てみましょう。

パートナー生活の形態は、結婚12世帯、同棲5世帯で、P生活10年未満が11世帯でした。1年未満の同棲世帯が1世帯、結婚生活21年という世帯もありました。

住居の「持ち家」世帯はなく、13世帯がグループホームです。子どものいる家庭2世帯もグループホームです。公営住宅が1軒ありました。家賃は、最低25、000円、最高でも55、000円で4万円台が半数以上ありました。

家計の状況は、収入合計が13万～39万円台と幅があり、10万円台3世帯、20万円台3世帯、30万円台8世帯、不明3世帯でした。ただ、9世帯は二人の所得を合わせた額より少ない世帯収入となっていました。これは、回答したすべての世帯が「別々通帳管理し必要経費折半」というパートナーの独立性を重んじた世帯家計管理をしていることから、それぞれの収入すべてを世帯家計に入れていないのであろうと推察されます。

月額生活費は、最低40、000円〜最高188、000円とこれも世帯によって開きがあり、10万から15万円で暮らしている世帯が多いという結果でした。

収支の面では、不明を除く14世帯すべてで黒字になっており、月10万円以上残す世帯が9軒、最低5、000円、最高220、000円でした。

以下、世帯者への支援内容について項目を分けて紹介します。

生活面の支援内容は「相談に応ずる支援」を充実させている

主な相談支援を自由記述で聞いたところ、以下のような多数の回答がありました。食事、家事、健康、金銭管理というグループホームにおける支援を含めた数的な結果は表にまとめてありますが、主な記述から特徴点を紹介します。

①夫婦生活の支援

●基本的には当人同士で決めて、わからないことや相談したいことのアドバイス・支援を行うようにしています。家族、夫婦で決めていくことだと思いますが、夫と妻、父と母、男と女と違う立場や言いにくいこともあるときは個別に話したりします。
●妻が夫に強く当たり、夫のストレスがたまるためそれぞれのイライラを聞く。
●夫婦の関わり方の支援・性生活の相談にのる・子供の躾の助言。
●夫婦としての在り方や相手を思いやる気持ち等相談・助言。子育てに関する相談。他夫婦間の悩み。
●奥様が難聴のため会話が通じない。生活が長くなると会話が少ない。
●掃除、洗濯をせずに外出されるので注意する。
●日々の生活の中での思いやり、心配り、声掛けの仕方、性生活の営み方等々アドバイスあり。
●子供を持つことに対する助言。夫が酔い暴れる時の仲介。避妊の助言。
●夫婦としての在り方、子育てに関する相談、夫婦間トラブルに関するアドバイス。
●一緒に入浴されているので続けるよう声掛けする。性生活はわからない部分がある。

②その他の生活面での支援
金銭管理に関すること3、食事・洗濯・掃除など家事に関すること4、服薬など健康管理に関すること4件、近所・親戚つきあいに関すること2が挙げられていました。

③就労面での支援
●人間関係の仲介、陰ひなたあり、助言する。
●職場では上司や同僚の方より嫌味を時々言われるとのこと。職場への通勤2人一緒に行かれている。

●毎日出勤できるようアドバイス。職場先でのトラブルによる相談、対応。安定的に就労できるために機関との連携
●女性の方はまじめに仕事されます。男性は2か月ぶりに「仕事に行きたくない病」が出ました。
●会社から仕事を言われたら、何事にも「ハイ。私が……」の気持ちをいつももつよう。返事はいつもはっきり。
●就労先の担当者との情報交換。
●二人とも仕事への意欲があります。他の人に優しくできるためよいこととほめるようにしています。

④その他
●親族（保護者、親戚等）との円滑な関係が築けるためにアドバイス、関係者との連携。
●叔母との関係、あんしん家族によるサポート連携。
●男性は少し読み書きができますが、女性はできません。TELを押すのにも支援が必要です。時計も読めないので、その辺の支援とお金の支援などが重要です。

食事は自前の配食サービスで省力化、金銭管理は当事者管理が半数以上

食事についてはは世話人が作って提供するという支援の回答はありませんでした。すべての世帯が南高愛隣会が経営する就労継続支援事業所（A型、B型）である給食配食サービスを利用しています。

一日3食とも利用している世帯が13、2食利用している世帯が4でした。毎日サービスセンターから各家庭に調理済食材が保冷庫に入って届きます。家庭ではそれらを食器に並べ電子レンジ等で温めるだけです。対象当事者の中には、これらの事業所に就労している人もいます。自炊していると回答したのは6世帯で、それも「休日にする」、「朝食だけつくる」というものでした。

毎日の生活の中から「食事・調理」に関わる家事労働をカットすることで、当事者の家事負担やリスク（火を使わなくて良い点や基本食材の購入面など）を軽減するとともに、世話人の仕事内容もかなり変わると思えました。

その他の家事支援では、掃除12世帯、洗濯7世帯、入浴4世帯、みだしなみ10世帯、ごみ処理5世帯に支援提供しています。このうち、すべてを行っているのは3世帯で、2つ以上支援しているのは4世帯です。逆に全く支援していないのは3世帯ありました。他に「家事全般にわたって声をかけている」「整理整頓」を挙げた回答がありました。

健康に関する支援を受けているのは、薬の管理11世帯、血圧等の管理9世帯、通院付き添い11世帯です。

金銭管理では、本人管理9世帯（内4世帯は以下の支援と併用）、記帳支援7世帯、印鑑・受給証預かり9世帯、カード預かり1世帯、科目袋分け1世帯、週毎現金を手渡す4世帯となっています。「月1回収支報告書作成」という記述もありました。

以上の支援項目の一覧が**表16**です。世帯によって支援項目の多少はかなり違います。全部で2～3

項目程度の世帯から、ほとんど選択されている世帯まで様々でした。支援項目や支援量の多少は、その世帯者の障害程度や支援区分とほぼ比例します。このことからも、南高愛隣会のグループホームで生活し「ぶ〜け」に登録している世帯者は、障害程度の軽重に関わりなくパートナー生活をしているということがわかります。

性生活の支援は、精神面の支援が中心。避妊はピル服用

性生活支援に関しては、以下の具体的な項目を挙げて選択できる設問にしましたが、それほど多くの支援はしていない回答でした。この点については、同性支援の立場からグループホーム世話人ではなく、事業所職員が行っている場合もあるようです。

●基本的な性の生理（排卵・基礎体温　射精・男性生理　愛撫・コミュニケーション　性交　清潔　おもいやり　受精と命の誕生）
●避妊の方法（ピル　リング　コンドーム　パイプカット）・子どもをもつかどうかの相談と支援（意思確認　医療との連携）
●DV防止と異常性愛への介入（DV経験の観察　ポルノとの違い）
支援があった項目は、愛撫・コミュニケーション1、清潔4、お

表16　生活面の支援内容　P群

1相談支援			2食事				3家事					4健康			5金銭管理					
夫婦生活面	その他の生活面	就労面	給食配給サービス利用	自炊	弁当	つくる	そうじ	洗濯	入浴	みだしなみ	ゴミ	薬の管理	血圧等	通院付添	本人管理	記帳支援	印鑑・受給証預かり	カード預かり	科目袋分け	週毎現金
10	9	9	17	6	1	0	12	7	4	10	5	11	9	9	9	7	9	1	1	4

もいやり8、受精と誕生2、ピル10、リング2、コンドーム1、子ども意思確認8、子ども医療連携4です。

半数以上の世帯夫婦が女性側のピル服用による避妊をし、それを世話人が支援（確認）していることがわかりました。（避妊方法は4世帯が不明またはしていないことになる、ちなみに女性の50歳以上は5世帯）

自由記述では、「結婚するまではお互い大切にしたいと言っていた」「成人雑誌やアダルトサイト閲覧についてのアドバイス」「年齢的にも妊娠の可能性なし」「夫へのアルコールの飲み方。妻へ夫のお金を縛りすぎないように仲介」「（仲良く穏やかな生活のため）現在性生活があるのかどうか疑問」「（P生活歴21年だが）奥様が受け入れきれず性交ができない」といったことも書かれていました。

家庭生活支援の要は「ゴミの処理」

子育て支援では、調査に協力していただいたのはわずか2世帯ですが、おひさま会参加、個別相談、保健所との連携、保育所との連携などがされています。

近所づきあいの支援では、近所づきあいのマナーに関すること11世帯、ごみ出し14世帯、回覧板8世帯、会合5世帯となっています。

家庭生活するうえで、「ゴミ問題」が大きなウエイトを占めていることがわかる結果でした。一人暮らし老人の認知症発症など「異変」に気付くポイントが家の中のゴミにあることが指摘されていますが、本調査からも、家庭生活経営にとって「食事づくり」よりも「ゴミ処理」の方が大事であることがわかりました。

パートナー生活をしてからの問題点と支援については、以前から問題になっていたことと、パートナー生活始めてから生起した新たな困難の二つに分けて自由記述回答してもらいました。

わずか17世帯に「人生いろいろ」、ありふれた家庭問題の全てがあった

①以前から問題になっていたこと

- 金銭問題：二人とも浪費傾向で「今」しか見えていない。本人たちは子育ての希望はあるものの、そのために貯金をしなければいけないという理解が難しかった。何かあれば「年金がある」という考えも強く他の方に比べると年金の貯蓄も少ない。自分たちの収入に見合った生活へのアドバイスを継続していく必要がある。
- 性の不一致、奥様が関心を持てない
- 結婚してもグループホームからの支援をはずせない。
- 相談なく、高額品物を購入される。
- お金の使い方については夫婦であっても別の財布であり、本人たちの気持ちや考えを伺いアドバイスをしている。二人の共有のお金にて生活のやりくりをするようにしている。引き続き叔母が年金を気にされている。

●夫が不法侵入し、一緒に住むまでに時間がかかる。結婚して4年がたつが、少しずつ夫のお金の使い方が粗くなっている。パチンコで負け、6万円を落としたとごまかしてしまう事あり。
●男性の盗癖（多額）で別居（3年）することあり

②パートナー生活後に生起した新たな困難
●男性が長くホームにいない時期があり、その間女性が不安定だった。
●結婚後旦那様の暴行がある。
●子育てについて：妻の体調。以前よりも食欲も増進し精神状態も安定しているが体調不良に関して過敏。本人の気持ちの問題も多分にあるようで平均月に1回は仕事を休む。体力もあまりなく精神的にも安定しているわけではないので10か月の妊娠期間を過ごしきれるのか、以降の子育ても乗り越えていけるのか慎重な判断が必要。（現在の状況では困難ではないかと判断している）妊娠する前に夫婦への支援を丁寧に行いたい。状況に応じた決断の支えと決断できるための情報提供が大切ではないか。
●2人の気持ちにズレがあるように感じられること。
●まだこれからの先のことであるが、65歳すぎた時に今の生活ができるか?
●現在もあまり男性の母親からの理解はない。
●避妊薬を一日も欠かさずのんでいるか……？　毎日の確認でした。疲れていると誰しもわがままが出る。日課のこなし方など、分担させたり、声掛けしたり支援してきました。

●出産、子育てについて。本人たちは出産を希望している。しかし叔母が猛反対されている。「本人が子どもを育てることができるはずない。妊娠した際には堕胎、さらに妊娠できないように手術をさせる」と強く主張。最終的には本人たちの気持ちで、職員も支援を行うが、叔母の強い意志を乗り越えるには、まだ決意が伴わないようである。

●親御さんたちが高齢になってこられたこと。夏季・冬期休暇に2人での帰省がどうなのかと思われる所がある。今回は両方とも日帰りにしてみました。男性のお母様は喜ばれていました。女性のほうは家庭訪問をかねての帰省でした。障害者二人を受け入れるのは大変と感じました。

まさに「人生いろいろ」、パートナー生活というライフコースがある人生は、これまでの障害者福祉の文脈では目の当たりにすることがなかった事柄が語られていました。

パートナー生活継続のために大切なこと、「相手へのおもいやり」

この設問では、これまでの支援例をもとに共同研究プロジェクトで検討し、あらかじめ次の7つの回答選択肢を用意しました。①「ぶ～け」スキルアップ講座等への参加、②本人の相談姿勢、③支援者の相談支援、④家事の協力、⑤就労意欲の向上、⑥生活態度の改善、⑦相手へのおもいやり。これに自由記述欄を設けて、1～5までの順位をつけて聞きました。結果は、**表17**のとおり、第1順位に「相手へのおもいやり」が13人に大切と挙げられていました。次に「本人の相談姿勢」「生活態度の改善」が続き、この3項目はどの順位でも挙げられています。「「ぶ～け」スキルアップ講座等への参加」

は第5順位で7人挙げているが全体としての合計点は多くありませんでした。「支援者の相談姿勢」は第2順位で7人、「家事の協力」第3順位で8人と比較的多く挙げられています。

自由記述では、次のような意見がありました。

●相手に対する思いやりの気持ち、得意不得意も互いに認め合い、補い高めあっていくような関係。困った時に相談する、わからないことがあって当然。プライドは置いておいてSOSを素直に。相談相手の確保。助け合う関係。現時点では共働きのため役割分担、子ができれば育児の負担も増すので二人でその形をどう築き上げていくか。

●2人の仲を良好に保つように、世話人が間に入り、2人の仲を取りもつこと。

●お互いへの思いやりや、優しい言葉づかいは大切だと思います。ちょっとした配慮が相手の心を動かす。支援する上においても、ある部分では、自分の子どもだったら……と考えて動くこと、大いにありました。支援する方は、ほんとに真心から、二人の幸せを願い、一事一事に注意し支援されていると思い

表17　パートナー生活継続のために大切なこと（5順位づけ）

順位	1	2	3	4	5	計
「ぶ～け」スキルアップ講座等への参加	0	2	1	3	7	13
本人の相談姿勢	7	6	6	4	3	26
支援者の相談支援	1	7	5	5	2	20
家事の協力	1	3	8	4	2	18
就労意欲の向上	1	6	4	5	2	18
生活態度の改善	6	3	5	3	9	26
相手へのおもいやり	13	4	2	6	4	29
空白	4	3	3	4	5	19

ます。私はそうしてきました。

●互いに対しての思いやりの気持ちを持つことは今後も大切である。叔母の意見にとらわれることなく自分たちの考えや意思を持ってこれから始まる家庭を築き上げていくことが大事。妻は嫁としての自覚を持つとともに二人で夫の家族を支えていけるようになること。困った時にはすぐにSOSや相談できる相手が近くにいること。

●字を読み書きできない、時間もわからない人たちが、お互いできるところを補いながら生活されている。二人ができない部分をほんの少しお手伝いすることで何の不自由もないのだと感じています。女性は男性を頼りにされています。素敵な二人です。頼りにされている男性は口にこそ出しませんがうまくリードされているように思います。今のまま思いやりを持った二人でいいと思います。話が好きな二人。世話人がうまく話をしたり聞いたりするのが大切な支援だと思います。

記述からは「相手への思いやり」というキーワードが目につきます。同時に、パートナー生活はゴールではない、自立でもないということがわかります。だからこそ「支援し続ける」という支援者の決意が伝わってきました。

2. 当事者インタビュー

澤一郎さんの場合 「お帰り」って言ってもらえる温もり

―現在は、結婚生活をされている澤一郎さんも「生活実習」を1年ほどされてから、結婚式を挙げています。グループホームから出て単身生活も経験したことがあるそうですが、パートナーとの生活を次のように評していました。

澤：やっぱり帰って誰もいない部屋に帰るよりも、「お帰り」って言ってもらえる部屋に帰ったほうが温か味があるでしょ。ひとり暮らしをしていたから余計に感じました。

でも、最初のころはうまい具合に行かなかったのでお互いにいらいらしたり、ぶつかり合ったりしました。お互いの思いを、こうなかなか本当のことを言えなくて。なんか彼女の中で他人っていう意識があったらしいんですよ、やっぱり結婚していないから。それを言われたときちょっとショックだったんですけど。結婚していくためのパートナー生活をしているのに他人っていう言葉はないいんじゃないかなっていう風にカチンと来ました。そうしたら「他人は他人やろ」って言われて。そういう言葉の喧嘩とかもありましたけど、お互いがわかるように努力してですね、今ではわかってくれる、本音で言い合える仲になりました。

ご両親は、はじめから喜んでくれて、「娘をよろしく」と言ってもらえた

平井：結婚に対してご両親はどんな反応でしたか？

澤：うちの両親二人とも、父も母も、「あんたが結婚できたとね」って喜んでくれました。ざっくばらんに「あんた結婚できてよかったね」って。

平井：喜んでくれたのね。

澤：そうですね。まず、母親に紹介したら、ぼくが選んで決めた子ならいいよって言われたんです。会わせたら母が気に入ってくれて。母から話しかけるってなかなかないんですよ。だからうれしかったですね。ところが、彼女のお義父さんお義母さんに挨拶しに行ったときは緊張しましたね、何を話していいかわからない。（笑）

平井：誰でもそうだよ。ご両親はどうだったのですか。反対されたの？

澤：会いに行ったら、挨拶する前に、「娘をよろしくお願いします」って言ってくれて、ホッとしました。

平井：それは「ぶ～け」のほうで御膳立てとかしてくれたのでしょうか

澤：そこは自分たちでしました。ただ、どういうことを言えばいいか聞いてからいきました。「自分の気持ちをそのまま伝えておいで」って言われたんですけど。あとセッティングは今の担当の世話人さんと、僕と今の奥さんと三人で何とかしました。

平井：とんとんといった感じで、反対はなかったんですね。よかったですね。

――お二人とも働いているので、掃除、洗濯などの家事は分担しているそうです。

澤：一応は決めているんですよ。朝食は僕がやっているんです。夜は彼女がやるようになっています。食器の洗い物までですね。掃除は、日曜日にお互いだいたい休みなので場所を割り振ってやっています。彼女は台所回りと居間、その他の水回りのところは僕がするってことにして。そして、手が空いたほうが玄関掃除をしよう、と。

平井：えらいですね。世話人さんはどのくらいの頻度で来てくれるのですか？

世話人さんは週に二回見回りに。あとは毎夜の電話確認

澤：最初のころは毎日来てくれていたんですけど、今はですね、一週間に2回ぐらい。「結構家事をやるようになってきた」って思われてきたので、どのくらいの頻度で来ようかって、話合いをしたんですよ。それで今のようになりました。

平井：奥様が夕飯づくりをするようですが、手伝ってもらうのですか

澤：アジサイってところの配食サービスがあるので届いたものに熱を入れるだけ。

平井：それは簡単で良いですね。世話人さんは何時ごろ見に来ますか？　仕事から帰ってきて食事が済んだ頃、「大丈夫」って見に来るのですか？

澤：だいたい僕のところは7時か7時半ぐらい。「なにかあった？」とか。一日の流れをちょっと聞いてとか。あっちに書類があったら書類を持って来てくれるとか、そんな感じですね。とくに

は、一週間に2回ぐらいなんで。あとはサポートの職員さんたちから電話連絡があります。電話連絡も、職員さんが掛けてくるようになったので。以前は自分たちから掛けるようにしていたんですけど、今は職員さんの方から掛けてくれます。毎日時間帯は決めてくれて、8時から8時半くらいってことで、たまに遅れるときはあるけど大体その時間の間で電話がかかってくるようになっています。

家賃は別に、月8万円で生活し、障害基礎年金は積み立てている

—澤さん夫妻は、3DKの一戸建てグループホームに住んでいます。家賃は5万円だそうです。それに一人当たり1万円の家賃補助があります。家賃補助がないと苦しいとのことですが、東京なら6畳一間で5万でも安い方ですから雲仙の地域性が感じられます。家計状況等もお聞きしました。

平井：金銭管理はどうしていますか

澤：自分たちです。

平井：全く……？　すべてですか？

澤：そうです。銀行の印鑑とかは管理してもらっています。事務所があるので。通帳とかは自分たちが持っています。

平井：自由におろせるのですか？

澤：ハンコがないから下ろせないです。前は一人一人でお金を出すようにしていたんです。お小遣いからなにから全部一人ひとり。僕と彼女と、一人ひとりで。でも今はそうじゃなくて二人で生活をしているから、二人でちゃんとしなさいって言われて、一人4万円ずつ出し合うんです。4万円の内、1万円は自分たちのお小遣いにして。3万3万だから6万円。これで家計のやりくりをしなさいって。食事、医療費、電気代……。それで今は、家計簿を作るようにしています。

平井：家賃は別ですよね？

澤：はい。で、6万円で一月生活して、だいたい1万円残せるか残せないかぐらいで今やっています。

平井：障害者年金はもらっていないのですか？

澤：年金はNPO法人サポートネットワーク長崎ってところがあって、そこが保管してくれる。いくら貯まっているか見られるんですよ一応、電話をすれば。自分の年金はいくらあるか自分の個人情報なんで自分は聞けるんですけど、いくら奥さんでも僕の年金を奥さんは聞けないです。

平井：毎月の経費としては、年金には手を付けないでいるわけですね。

澤：僕はそうです。

子どもはもう少し先、今は奥様のチャレンジを応援

平井：堅実な生活ですね。ところで子どもは未だいないのですよね？

澤：子どもは、まだですね

平井：ほしいですか？

澤：欲しいですね。ただ、僕が発作を持っているんですよ。だから僕が車の免許をとるのがなかなか難しいって言われているので、彼女の方ががんばって免許取りたいって言っているので、そのために一生懸命勉強して、来年あたりとれるようにチャレンジして、それから子作りに入ろうって話しているのです。

平井：そうですか。お互い認め合うことが大切ですよね。ありがとうございました。

山路美香さんの場合　二人の生活を大事にしています

―結婚生活をされているお二人の女性にお話を伺いました。お二人とも同じ食品加工会社に勤めています。お一人は、第3章「ぶ～け」支援の実際で紹介する高城麻央さん（30歳）。もうお一人は結婚生活12年になる山路美香さん（48歳）です。このインタビューには、生活支援事業所の職員さんにも同席していただきました。ここでは主に山路美香さんのインタビューを紹介します。

突っ張っていたが、おつき合いするようになって、まったく変わった

―山路美香さんは、「ぶ〜け」ができる前に結婚された方です。「ぶ〜け」がなかったので結婚まで長く時間がかかったと述懐しています。しかし、今は「ぶ〜け」専任の荒木さんに手伝ってもらい、おつき合いしてから3年かけて結婚に漕ぎつけました。その頃は、グループホームの個室に男の人を上げちゃいけないという決まりがあったそうです。

美香さんはそれを破って世話人さんから注意されたこともあったそうです。結婚を前提にしたおつき合いを始めるようになってから、二人だけの外出も許されるようになったのだそうです。

平井：美香さんが旦那さんと結婚してもいいなって思うようになった決め手はなんですか？

山路：優しくて、私の気持ちをなんでも聞いてフォローをしてくれる。今でもそうなんですけど。いろいろ手伝ってくれるようになってから、この人とならいいかなって思うようになりました。

職員：雄平さんとおつき合いするようになってから全然変わったもんね。

山路：相手を思いやらんという気持ちが出てきました。

平井：若いころはそうじゃなかったんだ（笑）

職員：ちょっと突っ張っていた時がありました。ここに来たころはね。

山路：ちょっと喧嘩したり、ちょっと言っただけでぷって怒ったりだとか。

職員：今はそういうのが本当にないです。

―美香さんは、高等学校を卒業後、洋裁学校に通っていましたが、海難事故により両親を一度になくしました。その後、親戚の世話になっていましたが、二十歳過ぎてから能力開発センターに入ることになります。

「ずっと病院暮らしだったかも」、美香さんの障害受容

山路：本当、こっちに来てだいぶ変わることができたと思います。世話人さんにしても職員さんにしてもいろいろな面で支援してもらって、こんな風になったのかなと思っています。繕っているんじゃなくて本当の気持ちです。私は本当にこっちに来てよかった。向こうにいたらずっと病院に入っていたと思います。

平井：病院？……と言うことは？

山路：高校卒業して洋裁学校に行ったんですけど、そこで女の人たちからいじめにあってしまって。

平井：いじめですか。

山路：女同士ってものすごくこう陰湿。それで、学校に行けなくなってしまって。行きなさいって言われても行きたくなくて。それと両親が亡くなってしまったのがごちゃ混ぜになってしまって。それで眠れなくなって。弟たちとトラブったりとかして。それで病院に入れられて。梅雨だったのでものすごく不安定になったんですよ。梅雨って鬱になるじゃないですか。5月とか。病院にいれられて、そしたら今度はお薬が悪くて右半身がかなわなくなってしまって、言葉が回らなくなって、よだれがだらだらで。おばちゃんが「これは絶対おかしい」っていって国立で

薬を調べてもらった。薬を変えた途端治りました。薬って怖いなって思います。

平井：そんなことがあったんですか。

山路：おばちゃんに感謝している。おかしいって病院変えてくれて。そこでちょっと生き延びた。病院変わってなかったら死んでいたかもしれない。

平井：それでこちらに来るきっかけは？

山路：そこの国立病院で診断書を書いてもらう時にいろいろ調べて。検査して療育手帳の申請をしたんです。そのときに「あなたは小学一年生のレベルです」って言われたんです。

平井：じゃあ療育手帳はその時に取ったわけですね。

山路：はい。小学一年生のレベルですって診断書に書いてあって。ほんとにそれくらいのレベルになっていたのだなぁって。

職員：お薬のせいだよね。

山路：うん。もう一回あとで検査したら、小学生のレベルじゃなかった。あのときは脳が、頭がマヒしてて（笑）。

平井：副作用で知能検査の値が低く出た。その時に療育手帳とっちゃったわけね。でもそれでよく自分の障害を受け入れられていますね。

山路：カウンセラーとか話を聞いてもらうところには行っているので。その部分は先生やおばちゃんに話を聞いてもらっていたので。色んな人に話を聞いてもらって、自分の病気をわかったうえで向き合ってくれる職員さんがいてくれるので。それでね。

二人の趣味は旅行、大阪・柳川二人旅の思い出

平井：では、今の結婚生活の話を聞かせてください。

山路：今は家に「ひまわりテレビ」（有線）をひいてて、二人で時代劇を見たり、たまにカラオケに行ったり。旅行に行ったり。どこかに出かけるのが楽しみですね。休みのときは二人で出かけたり。色々ぶらって行って、泊まってきたり。

平井：旅行が趣味なんですね。

山路：もっと遠くに行きたいんですけど、仕事上行けなくてね。

職員：休まれんもんね。

平井：どこらへんに旅行に行くんですか？

山路：一番最初、結婚したころは大阪に行きました。ツアーも何も組まないで。高額なお金を持って。ちょうどGWだったんで人が多かったんですけど。梅田とかＵＳＪとか行って、大阪市内をぶらぶらして屋台に行ったり。たこ焼きを食べたり。ビジネスホテルに泊まって。そのあとに京都に行って、バスでぶらぶらして帰ってきて。きつかったので結局くたくたでした。ツアーを組んで行けばよかったんですけど。

平井：二人だけで行ったのはすごいですね。

山路：なんかすごくて。こんなに人が多いのかって。もうタクシーとか使っていったんですけど。とにかくポシェットを体につけて荷物がなくならないようにするのが必死でした。
平井：大阪ね。この辺から行くと人が多いよね。
山路：大阪。また行きたいなって思います。今度はツアーで行きたい。
平井：最近は近場に行くのですか？
山路：最近は福岡の柳川に行ってきました。それも「じゃらん」を見て自分たちで切符をとって。あっちのほうなので療育手帳を使ったら安くって、もっと遠くまで行けばよかったなーって。鹿児島に今度行きたいなーって。柳川下りなんかもして、ホテルの中でバイキングを食べて。柳川のウナギを食べて。
高城：おいしそう。食べたくなる。

「ぶ～け」の支援と「あんしん家族」の支援

——次に、高城さんも交えて現在どのような「ぶ～け」からの支援を受けているか伺いました。
平井：今はお二人ともどんな「ぶ～け」の支援を受けていますか？
山路：入院するときの書類を書いてもらったり。色々な部分の。私たちはもうグループホームじゃないので。世話人さんが入らないのでその部分のカバーをしてもらっています。
平井：山路さんはもうグループホームじゃないのですね。

職員：もう自立です。

平井：グループホームにいない方たちの支援は「ぶ〜け」がされているのですか？

職員：限ってはいないですけど。山路さんは「あんしん家族」の親代わりとして荒木さん夫婦がいるので。だから保証人の印鑑とかを押してくれます。

山路：自分たちが本当に困ったときに支えになってくれる、全体を見てくれる。家族っていうか本当に自分たちの仲間だけで作った家族です。

夫婦共同の生活部分はお互いに出し合う家計管理

―さらに夫婦生活の核心部分、家計のことと性生活についてもお聞きしました。家計は夫婦でも自分で稼いできた給料分はそれぞれで管理し、夫婦生活の共同部分を出し合っているようです。

平井：家計はどうしていますか。

山路：私たちはね、ちゃんと夫婦で財産管理とかしてて、やっぱり一か月ちゃんと収支決算というか自分たちで使った小遣いにあった生活をしないといけないんですよよ
私たちはですね。私が2万円小遣い含む2万円で、旦那さんが22、000円。よく食べるので2、000円多い（笑）。そこから、私が1万円と、旦那さん12、000円で生活費。あとは1万円と、1万円自分の小遣い。小遣いは一応旦那さんが3万円で、私は1万円で、していますす。一応それでちょっと足らなかった分、旦那さんは病院に行くのでその分を入れたりとか

してるので、22,000円でいろいろ買い物したりとか。足りない分、病院とかはまた個別でおろしたりとかしてます。で、そのあと一か月の決算を出したりとか、そしてプラスマイナスをつけてる。

平井：？？

——どうやら、家賃や水光熱費と配食センターの食費分は別らしい。それ以外の生活費分を折半しているらしいのです。

平井：そういう考え方をしているのですね。

山路：一緒にしたらお金なくなります。

平井：夫婦でもお互い自立しているっていう感じですね。

山路：でも足らなくなったら、今回のように病院代が足らなかったりした分は、夫婦だから（出してあげても）いいって言われたので、私が手伝ってやったりとかはしました。

お互いにごめんって言えばそれで終わり　夫婦げんかの極意

平井：山路さんの場合には、結婚生活もう長いから。なんか危機とかなかったの？　もう別れる、というような……

山路：いやぁそんなのはなかったですね。喧嘩はしたけどすぐ仲直りするので、そこまではひどい喧嘩っていうのは。たばこの一件でちょっと喧嘩したぐらいで。あとはそんな喧嘩はしないです。

喧嘩してもすぐ違う部屋に行ってたら、ごめんって言ってきますので。
平井：そうですか
高城：いいなー
山路：カラオケ行く？　とか、どっか旅行に行く？　とか言って、そんなので自分達のストレスを解
消しているのかなって。
高城：たまになんか優しすぎて、どうにもならないんです
山路：お互いに言い合うっていうのもいいと思う。
高城：必要だよね。
山路：けんかしてもいいからお互いの気持ちぶつけて、怒りはするけど、ごめんって言ってくれるの
で、お互いにごめんって言えばそれで終わりかな。
高城：ないんだよね、そういうこと。言わないの
職員：言わないとわからないからね。相手の気持ちはね。
山路：自分でこう抱えていたら、それ会社にももっていったりとかするから、よくない。だから自分
の思いを伝えるような感じに私たちはしているんです。そうしないと自分が溜まるから、溜まっ
て職場にも持って行ったりとかしたらやっぱりだめなので、基本「家のことは家で解決する」
ようにしているので。
高城：言いあえるって、いいね。

平井：ほんとね。みんなに聞かせたいような話でしたね。

「こんな障害を持った人に育てられた子どもが町を歩いたらどんな思いをするのか」

平井：最後にちょっと性生活。どうですか？
山路：別に、体を触るとかその辺はありますけど、そんな具体的な生活というのは、ありません。でも、それでも満たされているのかなって言うのはあります。
平井：そうなの
職員：全然ない？　今。
山路：ないです。でも、それでも体触ったりとかする部分で満足しているみたい。ずっともう最近はそんなんで。私たちは、朝も早いし。二人一緒に布団に入ったりとかお風呂に入ったりとかはするんで、満たされているのかなって思います。
職員：最初のころはあったんでしょう？
山路：最初はありました。
職員：年とともになくなっていった？
平井：でもまだ40代でしょう。
山路：でも大丈夫です。一緒にそんなビデオを見たりしたりして満たされているので。
平井：それでお互いにいいならね。

山路：二人でカーテン閉めてそんなのを見たりしているので。それで満たされているので大丈夫です。そんな番組は昼間は見れないから夜しかないので休みの時に見たりとか。

職員：いろんな夫婦があるからね。

平井：山路さんは、お子さんは作らないということですが、その辺は話し合って納得して決めたのですか？

山路：やっぱり障害児が生まれたらっていうのもあったし……

職員：最初からそう言っていたね。

山路：自分みたいな子どもが生まれたら子どももかわいそうだし。こんな障害を持った人に育てられた子どもが町を歩いたらどんな思いをするのかと考えてしまいました。二人だけでも別にいいかなっと。

平井：その辺は旦那さんも納得して？　意見の食い違いはなかったの？

山路：なかったです。二人で一つなので、子どもがいたら子どもの分までカバーするのが大変じゃないですか。雄平さんあっての今の生活だと思っているので。

平井：それはそれは、ごちそうさまでした（笑）

—美香さんなりの障害に対する向き合い方。活字にするとすごくシリアスなことを話しているのですが、美香さんはあっけらかんと「自分みたいな子ども」「こんな障害をもった人」と自分を指して言い放ちました。事故によるご両親の死と学校でのいじめ、そして病いの発症、コロニー雲仙への入所という過酷な思春期を乗り越えてきた芯の強さが、この柔和な笑顔の下に隠されているのでしょうか。

ちょっと余談になりますが、山路さんと高城さんが語った長崎能力開発センター時代の思い出を収録します。

能力開発センター時代の思い出

―山路さんと高城さんは、年齢は離れているけど、どちらも能力開発センター出身です。

山路さんは4期生、高城さんは17期生で一緒にいたことはないのですが、能力開発センターの思い出話に花が咲きました。センターに入るための試験に合格できるかハラハラしたことや、牛や豚の飼育をしたこと、富士山登山で高山病になった人がいた話、寮生活のことなど次々と思い出が語られます。そんな中、移動キャンプの話になりました。これは今もある導入訓練のひとつです。現在は、3泊4日4人グループになってテント設営などをしながら目的地をめざすというミッションです。目的は「4日間歩き通すことにより精神力を養う（1日20㎞前後）、各個人の自主性を引き出し、またグループ行動をすることで協調性を養う、衣食住の大切さやありがたさを体感する機会とする（キャンプ施設は全く利用せずに実施）」（修了生実態調査報告書より）などです。同じような訓練は2年次への進級試験としての「ステップアップ考査」でも実施され、こちらは1日約30㎞、全体で１３０㎞をひたすら歩くというものです。

山路：移動キャンプもあったね。
高城：移動キャンプ！
山路：テント持っていかないかんけん、重かったよ。グループを組んで、自分たちが率先して頑張って……
高城：私、方向音痴だから無理やった。
山路：中間考査とか進級考査とかいろいろあるけんね、ものすごく厳しかった。
山路：それに受かって二年生に上がったりするけん。
高城：でも受かるならいいですけど、一回二回で受からなかった人ね、テント暮らししていた人もいるんですよ、実際。
山路：だってさ、歩いて行ったときなんかさ豆腐一個よ、おひるごはん。挙句の果てはもうへとへとで帰ってきたとに、不合格やったけん。
平井：なぜ不合格だったんですか？
山路：まとまっとらんけん。共同で、みんなで力を合わせてせんばいかんけんね。協調性のなかとつとまらん。
高城：大変だったね、本当。
山路：あれはもう行きたくないと思った。暑かったし、大変やった。
高城：移動キャンプっていえばだいたいほとんど雨でしたね。

山路：雨が多かったね。
高城：山の中だったからもう雷なんかくると「なんか光らんやった!?」って、ビクビクして。
山路：違う道に入って道がわからんやったりとかして。それで迷って、山の上まで登って行ったりね。
高城：でも雷は恐ろしかった。本当に落ちるんかなというぐらい凄い近くで鳴るし。
山路：でも、能開もやったけど、施設の、コロニーの訓練なんかも、ものすごくて。私たちの入ったころは豚舎から豚舎まで走って行って、糞かきしたり、豚の世話したり牛の世話したりして帰ってきて、それからご飯の支度して、朝ちゃんと起きて掃除して、ご飯食べた後掃除して……。
でも、今思えば楽しかった。
平井：楽しかった?
職員：厳しかったやろ（笑）
山路：厳しかったけど、その厳しい面で変わったとな。
平井：やっぱり「雲仙」の、鍛えるというか、頑張るポリシーは生きてるんだってわかりました。ありがとうございます。「あの頃があったからこそ今がある」とおっしゃった山路さん、高木さんのお話しから納得しました。とてもいいお話しをありがとうございました。

第10章

山岡家、家族再統合の物語

──児童虐待からの回復

この章では、「ぶ〜け」の支援を受けて子育て中の山岡耕太さん、幸恵さんご夫妻の家族小史を振り返りながら、児童虐待への対応と家族再統合の課題を探ってみたいと思います。

二人の結婚、耕次君誕生まで

40代半ばの耕太さんと幸恵さんは、郷里が同じで、能力開発センターの同期です。耕太さんは小学生の4年生から特殊学級、幸恵さんは中学校まで普通学級でしたが、どちらも小学生の頃から勉強についていけなかったと言います。二人とも中卒で郷里を出て働きに出ますが、適応できず1か月あまりで郷里に戻っています。耕太さんの父はタバコの吸いすぎで肺がんを患い、幸恵さんのお父さんはアルコール依存症でどちらも能力開発センター訓練生時代に亡くなっています。

幸恵さんのお父さんは酒が一滴でも入ったら止め処なく飲み続け、子どもに学校を休ませてまで買いに行かせるような人で、家族にもよく暴力を振るっていました。酒を飲んで眠ったまま亡くなっていたと言います。

能力開発センター卒業後、耕太さんは食品製造業で20年以上働いています。二人が働き始めて3〜4年順調に地域生活を送っていた時に、それぞれのグループホームを管轄するセンター長から「結婚を前提につきあわないか」と勧められてつき合い始めます。その後2年半後に結納を交わし結婚。さらに7年後に男子を授かっています。子育てには「ぶ～け」やグループホームなど多面的な支援を受けています。

同郷、早くに父を亡くした青年期境遇による価値観の共有、両センター長の仲介。結婚を前提のおつき合いを経て、幸恵さんの実家への挨拶、結納、結婚式という手順を踏んだ結婚。そして耕次君の誕生と順調に人生ステージを歩んできた二人でしたが、耕次君を巡って危機が訪れました。

耕太さんの耕次君への虐待発覚

それは、耕次君が生まれて5か月が経ったある日でした。

この日、幸恵さんは母親になってから初めて家を空け、美容院と観劇に出かけました。家で一人耕次君を見ていた耕太さんの様子を見に支援員が訪ねたところ、耕次君の顔が腫れていることに気付いたのです。瞼が開かないほど目の周りが赤く腫れあがっていました。支援員がどうしたのかと聞くと、耕太さんは

「耕次がなかなか泣き止まないので、イライラして叩いてしまった」と告白しました。

おむつを替えても、ミルクを飲ませても泣き止まず、一生懸命やっているのに耕次君が言うことを聞いてくれないので、つい叩いてしまったと、耕太さんは涙を流しながら話したそうです。

支援員は耕次君をかかりつけの小児科に連れて行きましたが、その後嘔吐があったため入院となりました。嘔吐は4、5日も続いたためCTスキャン検査が実施されました。また、顔以外の痣も見つかったため小児科医は、県立病院を紹介し精密検査を受けることになりました。検査の結果は脳内出血が見られ、一度や二度の刺激によってではなく、過去に度々叩かれたり揺さぶられたりした可能性があることがわかりました。

この結果、医師は市の保健センターと子ども支援課に虐待通報しました。子ども支援課から連絡を受けた耕太さん家族が住まうグループホーム事業所は、法人本部とともに耕太さん家族への支援を見直すことになりました。これまでの巡回支援から、朝9時以降20時まで断続的に職員が入り3交替で支援することになりました。また、地域の民生委員さんにも訪問していただけるよう要請しました。

耕太さん、幸恵さんへの聞き取りでは、次のことがわかりました。

耕太さんは、「幸恵と耕次はいつも座敷で布団の上。俺は一人で背中向けてご飯を食べていた。なんだかずっと淋しかった。」と答えました。そして、一か月くらい前から幸恵さんに隠れて耕次君をたたいたりつねったりしていたことを認めました。

幸恵さんは、耕次君が生まれてから、自分に対しても耕太さんから暴力を振るわれていたことを語りました。

「怖くて抵抗できなかった。自分の母も父が酔ったときに暴力をされていたのをみていたので、黙っていた」と証言しています。

児童相談所の介入と父子分離、ケース会議の開催

医師からは、早急に父子分離をすべしとの意見がありました。また県の子ども・女性・障害者センターから家庭訪問が実施され、児童相談所も介入をはじめました。

事件発覚から約2週間が経過していました。

この時点で、第1回ケース会議が、県児童相談所職員、県南保健所職員、市こども支援課、市家庭児童相談室、市保健センター、市障害福祉課、こども支援センター、そして法人関係者5名同席により開催されました。

会議では、

①耕次君の生命保護が一番大切である。

②法人としては、父子分離をして時間をかけて対応する。

③最終的にはまた家族3人で生活できるようにしていく。

④法人だけで支援するのではなく、外部機関も支援に入る事が望ましい。

という4点が確認されました。

そして、耕太さんは、主として罪を犯し被疑者・被告人となった障害者の更生支援に向けた福祉サービスを宿泊型生活訓練事業所と一体となって提供している就労継続支援B型事業所「あいりん」に入

ることになりました。

一方、幸恵さんについては、「耕次君への虐待はないのか？ 父親がいない中での育児負担が増えることにどう対応していくか？」など懸念もありましたが、グループホームでの生活を継続しつつ、市の日常生活支援事業を利用して、週1回の入浴・沐浴の手伝いや週1回の夕食作り支援、また保健師や栄養士の指導・育児支援員訪問指導も月1回程度行われるようになりました。

その後数日おきに開催されたケース会議を通じて、耕太さんへのカウンセリングや必要に応じた性格や能力の判定、耕次君の発達に応じた養育の指導、また夫から暴力を受けた幸恵さんの心のケアについても実施していくこととなりました。

「もう帰ってこなくてもいい」幸恵さんの変化

事件後2か月を経た第4回ケース会議では、カウンセリング結果や就労先を休職し「あいりん」での訓練をしながら反省の日々を送っている耕太さんの状況に鑑みて、「家族交流に向け、県こども・女性・障害者支援センター、市、法人の3者が協力して支援方法を検討していく」という方針を確認しています。

しかし、耕太さんが「あいりん」に移るときには「耕次といっしょに待っている」と言って見送った幸恵さんでしたが、この頃には「もう帰ってこなくてもいい」と言うようになっていました。

法人では、特別判定会議を開き、耕太さんの更生プログラムを策定し、「重度障害の方と活動を一緒にする事で思いやりの心を育てる」「夫婦の交換ノートを交わす」「就労を再開し、生活の場を法人自主事業ホームに移す」などの取組を行いました。耕太さんの就労先の理解や「シングルマザー」となった幸恵さんと耕次君を支え続けたグループホーム世話人や民生委員、市の保健師・栄養士・育児支援員などの重層的な支援が、これら法人の取組をバックアップしていました。

5月5日子どもの日、10カ月になった耕次君の初節句のお祝いの席を作りました。そして、父子分離後はじめての家族再会の日となりました。

耕次君は、父を忘れているのか泣き出してしまいましたが、耕太さんと幸恵さんはとても自然に接して、ともに喜んでいる様子がうかがえました。祝いの席に集まった支援者と幸恵さんに対し耕太さんは自分のしてしまった事への深い後悔と反省の気持ちや感謝の気持ちを懸命に語り、涙を流しました。その傍らで幸恵さんは「泣かんでよかたいね」と言葉をかけていました。夫婦らしい情景が垣間見えたのですが……。

「これを機に今後頻繁に会うようにしたらどうか」と法人職員が勧めたにもかかわらず、幸恵さんは考え込んで、返事をしなかったのです。

親子関係・夫婦関係の修復を目指して

しかし、この日の再会を児童相談所や県こども・女性・障害者支援センターに報告し、第5回ケース会議では「親子関係、夫婦関係の修復のため、職員立会いの上、週1回ペースでの面会を検討していく」という方針が立てられました。

耕太さんは、現理事長が開院した「ひかり診療所」で精神治療を受けるようになりました。耕次君の離乳食も始まりました。

幸恵さん親子の暮らす地域に「ぶ〜け」事業の一環として「他の家族との交流をおこなう事で、親子の交流、子供への関り方を勉強する」ことを目的とした「おひさま会」が発足しました。「おひさま会」での他の子育て家族との交流や先輩ママからの助言などが幸恵さんの気持ちをずいぶんと支えたことでしょう。

耕次君は1歳になりました。頭部CTスキャンの結果は、脳内出血は吸収されており問題はないとの診断結果でした。1歳2か月、耕次君は保育所に通うことになりました。

幸恵さんには「また同じことが起きたらと思うと怖い」と言う気持ちはあるのですが、耕太さんへの言葉がけの調子などから少しずつ変化が見えてきました。

しかし、耕太さんは幸恵さんや耕次君とは別居のまま、この年を終え新しい年を迎えました。新しい年、耕太さんと幸恵さん・耕次君との定期的な再会・交流は続きましたが、別居のまま1年が過ぎました。

重層的な支援で長い道のりを一歩ずつ

その翌年、耕次君への虐待事件から3年がたった年です。

法人と「ぷ〜け」は、ピアカウンセリングや「井戸端会議」といったイベントも加えて、「おひさま会」とともに子育て中の夫婦世帯への支援システムをいっそう充実させました。「井戸端会議」では「夫婦喧嘩の対処法」というセミナーが開かれ、耕太さん、幸恵さん夫妻も参加しています。また様々な出来事への対処法を身に着けるためのSST訓練が夫婦ともに必要との判断から、怒りのコントロールや、子どもが言うことを聞かない時のなだめ方などの訓練を実施しました。

そして、家族交流は週1回の頻度で実施し、単に面談ではなく、子どもをお風呂に入れるとか一緒に遊ぶなどの耕太さんの育児参加も始まりました。

耕次君が4歳になった時、児童相談所、県こども・女性・障害者支援センター、市、法人などによって構成されたケース会議は終結を迎えました。実に3年半12回に及びました。そして耕太さんと幸恵さんの郷里へ耕次君を連れて一泊の家族帰省を果たします。耕次君は、初めて幸恵さんの実家でおばあちゃんに会うことになりました。そこには職員が同行しました。

幸恵さんの不安はまだ解消されていませんでした。グループホームの空き部屋を使って家族三人が一泊二日の宿泊をする交流も開始しましたが、それは職員常駐のケアホームに隣接する家屋を選びました。しかしその回数は徐々に増えていき、やがて日中は家族で過ごし、就寝時だけ耕太さんが別のグループホームに帰るという生活になりました。

耕太さんは、父親として耕次君の保育園の面談や参観に参加するようになりました。

その後、数回に分けて親子三人の「宿泊実習」を繰り返し、耕次君の耕太さんへの懐き具合や幸恵さんの不安の解消度を見極めて、新居にて再び親子三人の生活を始めるようになりました。虐待による父子分離から4年半後のことでした。

結婚の決め手はマメな優しさ

—こんな父子分離と家族再統合の物語があったことなど知る由もない筆者が、山岡家を訪問したのは、耕次君の小学校入学直前の季節でした。目新しい来訪者の手土産を嬉しそうに抱えて部屋中を駆け回る耕次君に、「こら、ちょっと落ち着いていろ」と目をほそめて注意する耕太さんは、やさしい父親にしか見えません。少しお話を伺いました。

平井：幸恵さんに伺います。耕太さんと結婚しようと思った決め手はなんですか？

幸恵：なんだろ……きめ手って……

平井：どこがよかったのですか？　どんなところが一緒にやっていけると思ったんですか？

幸恵：優しい。

平井：どんなところが優しいですか？

幸恵：いろいろまめにしてくれるので。じっとしているのが苦手なんですね。

平井：そうですか。ありがとうございます。耕太さんは幸恵さんのどんなところが？

耕太：私は、山岡家の長男でもあるし、姉ちゃん４人共もう結婚してたんで。わたしも将来のことを考えて、家のこととか。同じ島同士、お互い知ってたんで。デートしてるとき「この人だな」って。気が合うっていうか。

平井：おつき合いされる以前から知り合いだったのですね。では次に今一番「ぶ～け」支援をうけていることはなんですか？

耕太：1か月に一回の子供を持つ家族の「おひさま会」っていう交流があって、あっちこっち遊びにいったり、コミュニケーションとったりですかね。

幸恵：私もママたちと集まったときは、子どもの困った行動など話して「一緒一緒！」とか言って、励ましてもらっています。

平井：子育てで困ったことはありますか？

幸恵：だいぶ強くなったんですけど、1か月に1回か2回は必ず入院していたんで……
平井：風邪など引きやすいのですか？
幸恵：気管支炎とか。熱を出すとか。3歳の暮れに熱性痙攣を起こしました。小児科の先生から「2年たったら大丈夫」とは言われていたんですけど、また熱が出たらどうしようと心配でした。もう大丈夫ですけど。

一番の心配は、一年生になる耕次君の学校生活

平井：良かったですね。もうすぐ学校ですけど「ぶ〜け」にどんなことを相談しましたか。
耕太：同じ子を持つ家族から学校のことや準備とかいろんなことを聞いてアドバイスをもらったりしています。
平井：えらいですね。世の中には、子育てはお母さんに任せきりのお父さんも多いですけど、一生懸命考えてやってくれているんですね。
幸恵：はい。
平井：では、今一番心配なことというか考えていることはなんでしょう。お聞かせください。
耕太：それは、この子のことです。学校に行ってちゃんとやっていけるのか。勉強についていけるの

か。それが一番です。

平井：そうですよね！　愚問だったなぁ（耕次君に向かって）どう？　学校楽しみ？

耕次：うん

平井：幸恵さんはどうですか？

幸恵：周りの人に迷惑はかけますけど、日に日に成長していくのが見えて。もうすぐ学校だからって、勉強も自分からするようになりましたし。成長がみられてうれしいです。

平井：（耕次君に）お母さん、ほめているよ。よかったね。（お二人に向かって）今日はありがとうございました。

―最後の質問に対する耕太さんの答えを聞いて、思わず「愚問だったなあ」とつぶやいてしまいました。我が子の小学校入学を目前にした普通の親に同じ質問をしたら、誰でも耕太さんのように答えるでしょう。そんなことも気づかず聞いてしまった筆者の心のどこかに、山岡さんが「親である前に、障害のある人」だと思い込んでいたからなのかもしれません。山岡さんは「障害のある人の前に、普通の親であった」のです。

児相双六の「上がり」を体験した山岡家

耕太さんがその「普通の親」によようやくなれるまでに秘密があったことは、前半で書きました。そこには「ぶ〜け」だけでなく南高愛隣会の法人を挙げての支援と児童相談所や県こども・女性・障害者支援センター、市の関係諸機関によるネットワークによる支援がありました。

しかし、なんといっても決定的な支援は、ピアカウンセリングや「井戸端会議」「おひさま会」といった当事者同士の励ましあいと世話人、「ぶ〜け」担当者、民生委員、市の保健師・栄養士・育児支援員などによる幸恵さんと耕次君への「顔の見える支援」があったからではないでしょうか。そして一方の耕太さんには、罪を犯した障害者の更生支援システムがあり、やがて親子三人の段階的な交流や「宿泊実習」など柔軟な再統合プログラムが実施されたことです。

ちょうど耕次君が生まれた7年前頃から全国の児童虐待通報件数は目に見えて増え続けています。「貧困や子どもの発達の遅れなどは虐待を誘発するリスクとなる。しかし虐待はどこでも起きうる。両親揃った大学教授の家でも起きているよ」、そう筆者の友人のベテラン児童相談所児童福祉司は言います。東京都児童相談センターは、「OSEKKAIが子供を救う」[23]というキャンペーンをはって、幸恵さんたちを取り巻いたような「顔の見える支援」のある「地域社会の連帯感、優しく温かく親子を見守るという、新しい言葉、行動」を呼び掛けています。東京都が発行した「児童虐待のあらまし

（2015年度版）」パンフレットには、相談の流れという双六のような図があります。近隣・関係機関からの通告・相談から始まって、区市町村の子ども家庭支援センターを経由して児童相談所（受理・調査・一時保護・援助方針会議……）、そして家庭裁判所へと続いていきます。審判、施設入所、親権停止などの矢印があります。その図の最後、一番右に「家族再統合のためのプログラム参加」という枠があり、「家族で生活する」と書かれています。友人の児童福祉司に言わせると、この「家族で生活する」が、児相双六の「上り」なのだそうです。そしてそれはなかなか「上がれない」双六だそうです。

「児相は、親から子どもを引き離すところ」というイメージが虐待リスクのある保護者の間で広がっているとも言います。児童保護の現場で苦闘する人々の本当の願いは、児相双六の「上がり」、家族再統合であるはずです。

このような今日的課題から、山岡家の家族再統合の物語を眺めると、「ぶ〜け」担当者のお節介おばちゃんたちが、「OSEKKAI」というキャンペーン文字と重なって見えてきました。

第11章

「ぶ〜け」のこれから

―田島理事長、松村事業統括部長インタビュー―

1. 「ぶ～け」事業の位置づけと展望─田島光浩理事長に聞く

今度生まれてくる時は、ぼくはふつうのおうちに生まれたい

─社会福祉法人南高愛隣会現理事長の田島光浩氏にお話を伺いました。田島氏は、「父である田島良昭前理事長と共に幼少期に入所授産施設『雲仙愛隣牧場』に住み込み、共に生活を送る利用者との関わりから精神医療の道を志した」と法人ホームページで紹介されていますが、1974年生まれの田島氏が小学5年生の時に書いた作文には次のように記されていました。

「のどにできものができて、何度も手術をしたから、ぼくはいい声が出ません。いい声はでないので歌が下手です。ぼくは施設の中でずっと生活していたから、こんなになってしまいました。今度生まれてくる時は、ぼくはふつうのおうちに生まれたいです」(田島良昭1999)[24]

この作文を授業参観の場で聞いた田島顧問は、この思いは我が子だけでなく利用者も同じだろうと気づき、入所施設の解体と地域生活移行を進め、そして結婚推進室「ぶ～け」を作るに至ります。

2013年、法人経営を受け継いだ田島光浩氏は、新たな障害福祉法制度のもとで、発達障害や精神障害等への支援や本来福祉が行き届いていれば罪を犯さずに済んだと思われるいわゆる触法障害者支援、さらに精神科医としてのご自身の専門性も生かした精神障害者への在宅医療など医療と福祉の連携にも挑戦しています。

しかし、新理事長を待ち受けていたのは、新たな課題追求だけではありませんでした。負の遺産とも言うべき「法人における障害者虐待に対する意識の低さ、職業倫理の不徹底、支援技術の未熟さ」が招いた長崎県からの行政処分（２０１５年2月26日）でした。この処分命令が出された直後に訪問したのですが、インタビューに快く応じてくれました。

「ぶ〜け」が入ることで「清く正しい交際」がアピールできた

平井：では、よろしくお願いします。「ぶ〜け」の事業を法人全体の事業の中でどのように位置づけていらっしゃるか、今年度改革された意図と今後の展望を教えていただけたらと思います。

田島理事長：まず、人間が生きていくためには、働いてそこで認められていくというのはすごく大事だと思うのです。南高愛隣会は従来から働くということに力を入れてきました。それ以外に遊んだりあるいは恋をしたり、そういったこともとても大切です。法人としてもそうした生活を豊かにする・遊ぶというところでスポーツや文化活動にも力を入れてきているのですけれど、その一環として恋愛や人を愛するなどそういったところにも取り組んでいきたいなというふうに考えています。

ただ、そもそもつき合うというときに、障害がない僕らはそれを友だちや先輩の関係の中でなんとなく学んでいくみたいなところがありますけれど、障害をもつ方はなかなかそういうことが難しいので、ある程度形をつくって、そこで体験や学ぶ機会を恣意的につくっていくということは必要なのではないかというふうに考えて「ぶ〜け」を位置付けています。

平井：そうですよね。私も障害をもった方たちの生涯学習を20年間続けていて、その中で恋愛の問題というのをときどき取り上げてはいたのですけれど、ずっと参加している皆さんがなかなか恋人をつくる、結婚するということはないのです。ほとんどの皆さん在宅の方なのですけれど。しかし、彼らに聞くと60％以上の人が結婚したいと言っているのですよ。

田島理事長：私たちもまったく同じで、いろいろ理想があってというよりも、利用者さんが「おつき合いしたいんだけど……」「なんとかさんが好きなんだけど……」といった声に答えていこうとした一つの形が「ぶ〜け」ということだと思っているのです。

知的障害と一言に言っても重度の方から軽度の方までいらっしゃいます。異性の人へ声のかけ方がわからない、デートの仕方がわからない。そういった人たちだけではなく、軽度の人たちである程度のアドバイスだけあれば自分たちでどんどんできるという人たちまで「ぶ〜け」に登録しています。「きちんとおつき合いをして手を握るまでは3回デートしないといけません」みたいな、そういったものにすべて当てはめてしまっていた時期もやはりありました。

平井：「3回デート……」といった不文律があるのですか。支援の人たちのなんというか暗黙の……。

田島理事長：価値観の問題だと思います。納谷や荒木など、今、担当している職員もそうですけれど、年配の支援員がずっと中心でやってきましたので。やはり、その年代の価値観というか、そういったことでずっときてしまったというところはあります。

ただ、結婚に関してはそれがすごく良く作用しました。やはり結婚となると、本人たちの相性だけでなく家と家との問題がどうしても現実的には出てきます。うちがうまくいった一つの要因と僕が思っているのは、象徴的な話ですけれど、「ぶ〜け」に登録して「デートを3回してから手はつなぐものだよ」みたいなものが、本人さんたちからすると堅苦しくてしょうがないというものでも、いざ結婚となったときに利用者さんのお父さん・お母さんたちからOKをもらいやすかったということは明らかにあると思うのです。それこそ、結婚までは操を守るではないですけれど、そういったことを大事にされる年代のお父さん・お母さんがまだ多かったので。

「ぶ〜け」が入ることによって、ある意味「清く正しい交際を経て結婚をするのです」というアプローチはご家族を説得するのにはすごく有効だったのかなというふうに考えているのです。

平井：私も取材させていただいて、皆さんかなり禁欲的なおつき合いをされていたのだなということを感じました。しかし、それは一概に悪いわけではないと思います。

「ぶ〜け」有料登録制の導入と支援委員会の立ち上げ

田島理事長：今度「ぶ〜け」も少し考え方を変えて、改善しました。一つは、「ぶ〜け」という活動をやはり継続的に続けていくためには幾ばくかの経済的な裏付けもないとやっていけないので登録制にしてお金も頂くようにしました。もう一つは、本人だけではなくてご家族や地域社会にも受け入れてもらえるような支援や考え方と、「ぶ〜け」に登録してくださる年代の人たちにフィットした若い職員の若い感覚など、そういったものを入れていきつつ、役割分担を図っていくということです。

今、来年度の計画をみんなで相談しているのですが、本人の意向に沿った支援とご家族や社会に理解されるやり方、そこをどう融合させていくか。あまりにも親御さん寄りのことになってもいけないでしょうし、あまりにも若い人たちの感覚でとなると、「自分たちが好きならそれでいいじゃない」というようになってしまいますので。ただおつき合いをするだけならいいのですけれど。結婚とか子育てとかのような話になるとなかなかそういうわけにいかないというところです。「ぶ〜け」担当者のシニア層と「ぶ〜け」支援委員会の若い層とが議論をして、両方で支えますというような形にならないかなと考えているところです。

平井：「ぶ〜け」支援委員会を立ち上げてみて、この1年間どうですか。いい成果というか、あるいは軋轢があったりなどというようなことはありますか。

田島理事長：実際は軋轢もあるのかもしれませんけれど、僕のところに聞こえてきているのはいい効果の方ですね。たとえば、親御さんが交際に反対しています。しかし、なんで反対するのか若い世代の人たちはわからない。職員も含めてです。だけど、年配の職員から、「いや、それは親から見るとここは心配だよ」など「若い人たちはそれでいいかもしれないけれど、世間から見たらそれは通用しないよ」など。そういったやり取りは結構したみたいなのです。

若い人たちも年配の人たちに「どうですか」と積極的に聞くし、年配の方は黙っていませんので（笑）、この1年はすごくお互いよかったかなと思います。

在宅利用者拡大と性教育の課題

平井：共同研究させていただいて思ったことは、やはり「ぶ～け」という推進室だけの取り組みではなくて、各グループホームの世話人さんの生活支援がある。あるいは、当事者の方にお話を聞いてみると、能力開発センターの役割が大きい、「能開」できちんと教育されてきたというのがベースにあることなどわかりました。あるいは、太鼓やスポーツと言った余暇活動など、法人全体の働く支援や生活支援、余暇支援、全体の支援があって初めて「ぶ～け」の支援が乗っかっているのだということを強く感じました。

これに対して大きな法人がバックアップになくて、みんな在宅の地域ベースというか、そういう青年たちへの支援の仕方というのはまた違うのだろう、地域の場合には難しさがたくさんあるなというふうに感じているところなのですけれど……。

田島理事長：実際こちらでも、在宅で、一週間のうちに3回だけうちの日中の事業所を利用していて、そこから「ぶ～け」につながっている方などもいらっしゃるのです。そういう方の中には、たとえばおつき合いもつい行き過ぎてしまったりすることなどもあります。少し極端な話ですけれども、つき合い始めました、そうしたら、すぐに近くの公園で抱き合っているところを目撃されましたといったようなことも出てきています。もともとそういう人は、公共の場ではこういうことはしては駄目ですといった教育自体がされてないこともあります。

平井：やはり、グループホーム生活者という点では日常的な支援がありますから、言いかたを変えればチェックができる。それが在宅の方たちが中に入ってくることによって、今、おっしゃったようなまた別の違った形の困難が出てきましたね。その辺はどのように解決していこうとされているのか、ぜひお聞きしたいところなのです。

田島理事長：まだそこはあまり手がつけられていないというところです。今年度、能力開発センターで試してみたのが、「からだ探検隊」という名称で、「女性の体の勉強から、男性と女性がつき合うときの距離の取り方、むやみに女性の近くに行かない、ここまではいいけどこれは駄目だよ、勝手に体に触ってはいけない」、そういったことも含めて何回かプログラムをつくってやってみています。これは、長崎大学教育学部の先生にも入っていただいています。そこをベースにこのような教育を「ぶ～け」でもできるといいなとは思っているのですけれど。

平井：いわゆる性教育講座を。

田島理事長：そうですね。そこで「ぶ～け」の活動の中で、ただつき合う、結婚することを推進するだけではなくて、そこに絡めて性教育もそうですし生活面の教育もしていく必要を感じています。グループホームで「洋服きれいにしなさい」「お風呂入りなさい」と言うよりも、「ぶ～け」で「それ、女性にモテないよね」と言うほうがよっぽど効果があるのです。そういったところを組み合わせていけるとすごくいいなと思っているのですけれども。

他法人との連携と「ぶ～け」の事業的位置づけ

平井：それはぜひ新しい展開ということで期待しています。
もう一つお聞きしたいのは、南高愛隣会ではない別の法人の方たちと交流というか交際がされてきた場合には、また今までとは違った困難というのがありますね。その辺のこともそろそろ気にはなっているようなことをお聞きしているのですけれども。どうですか。

田島理事長：基本的には「ぶ～け」も今年から登録制になったので、そこは「ぶ～け」に登録していただくということで同じように支援をしていくという形にはなると思うのですけれども。ただ、先生がおっしゃったように、おつき合いや結婚の支援は「ぶ～け」だけでやっているわけではないので、相当難しいということは予想しているのですけれど。

平井：しかし、考えてみれば一般の人の結婚だって同じことですよね。まったく違う家と家で育った者同士が一緒になっていくわけですから。それと同じように法人もまたそれぞれのポリシーがあって、その違いが一緒になるわけですから。そういう点では古くて新しい課題のように思います。

田島理事長：やはり恋愛は人間の永遠のテーマみたいなところあるじゃないですか。いろいろなパターンがあるし。だから、そこをどうサポートできるのか。あと、やはり福祉事業所としてやっているので、そこはある程度なんでも自由というわけではないですし。それこそ周りの人にもきちんと説明できるような、こういう理由でこういう信念でこういうやり方をやっていますということがきちんと説明できるような準備というのが自分たちにも必要なのではないかというのは、いつも担当者に投げかけています。

平井：「ぶ～け」の事業は法人の自主事業で、なんの法的な体系にも乗っていないですよね。この辺はどういうふうに今後展開していこうと考えていらっしゃいますか。

田島理事長：できれば乗らないほうがいいと思っています。なぜなら、本当に恋愛はそれぞれですし。また今、LGBTの問題なども出てきていますし。うちの法人内でもやはりあるのです。そういうことも考えていくと、制度に乗せるということはあまりそぐわないのではないかなというふうに逆に思っています。
今回少しほっとしたのは、月会費を2,500円としても利用者さんは減りませんでした。やはり、いいサービスをきちんと提供すれば、恋愛関係に関してみんな相当なお金でも使うのだなというのがわかって。だからこそ制度などではなくて、ある程度自由にできるような形のほうがいいのかなと思っています。

平井：そうですよね。福祉という範疇に入るのか入らないのかですよね。どこまで「ぶ〜け」が福祉ということでやるのかですよね。

田島理事長：福祉的な視点をどう「ぶ〜け」のサービスに入れていくか。支援が必要な人たちの中間役みたいなことができていくといいなと思っていまして。普通に自分たちで職場や地域で相手を見つけて、うまくやっていけば、それは必要ないわけです。けれど、それができない人たちがいるので、そこを「ぶ〜け」が橋渡しできればいいと思っています。

平井：結婚は本当にプライベートな話ではあるけれど、しかし、社会との接点というか広がりが必ずある部分でもありますから。昨日、島原市がやっているハッピーカフェというところにお邪魔してきたのです。結婚・出産・子育ての継ぎ目のない支援というものをうたっているのですよ。「ぶ〜け」の言っていることと同じだなと思って。「ぶ〜け」のほうが先をいっているのだなと思いました。それで率直に市の職員に「ぶ〜け」をモデルにしたのですか」とお聞きしたのです。市の職員は「ぶ〜け」を知らなかったみたいですけれど、もしかしたら市長あたりが知っていたかもしれません。島原市の例で思ったのですけれど、区市町村がああいう支援体制をつくって、島原市の場合は登録料無料なわけですすよね。民間の結婚相談所は有料ですけれども、市がやっているものだから無料というのが一つの目玉なわけです。それを既存の女性支援や子育て支援制度などにつないでいく役割もしたいとおっしゃっていました。

田島理事長：意外と知らないのです。市がそういう子育て支援などいろいろやっているのだけれども、実際その市に住んでいる「ぶ〜け」担当職員たちが知らないこともある。南高愛隣会は職員が600名くらいいますし、子育てしながら働いている人もたくさんいます。女性の職場ですから、今後結婚・出産をみんな経験することも多いでしょう。「ぶ〜け」でそういう情報キャッチして、そこの人たちにも情報提供できる。そういう意味では利用者さんだけではなくて法人の職員にもいろいろ還元できることはあるのではないかという話は出ていました。

第一世代の熱意と若い職員の人権感覚を融合させた支援力向上

平井：では、最後に今後の法人の展望ということで。世代交代と新しい若い方たちの育成というか、そういう観点でどうでしょうか。

田島理事長：もうご存知だと思いますけれども、今ちょうど虐待で県から改善命令を受けていまして。その中でいろいろ原因を探っていくと、第一世代といわれている人たちはなんの武器も持たず情熱とやる気と体当たりでやるというような歴史があって。それはそれで素晴らしいことだと思うのですけれど、結果として、情熱や熱意があれば叩いてでも教えるのだというようなところが許されてきたという雰囲気。支援の技術論よりもそういう熱意とやる気でいくのだという文化がうちはあったのです。そういう方たちが今、法人の幹部層にいますので。そこの一言の影響力はやはり大きいのですが、今の若い人たちはそもそも叩いて教えるということ自体がナンセンスだというふうな教育を受けてきていますから、お互いの乖離が結構あって。そこをどう立て直していくのかというのがここ数年の大きな課題なのかなというふうに思っているのですけれども。

平井：若い教育を受けてきた方たちはそれなりの支援力を持っていらっしゃいますか。

田島理事長：どうでしょう。若い人たちは福祉系の大学である程度支援技術を学んできたが、現場に来てみるとそういったものよりも「とにかく熱意でぶつかっていけ」みたいな指導をされて、どこかで「自分が大学で学んできたことと違うかなという気持ちを抱きつつ、しかし、なかなか言えずにここまできてしまいました」というような話が結構出てきて……。

数年前に、僕が精神科医として理事長に赴任したということもありますし、三障害一緒になって精神の人たちが入ってきたというところでの変化もあるでしょう。それまでの知的の方達は、支援者が指導すれば素直に「はい」と言うような方が多かった。しかし、精神の人たちにそれはまったく通用しなくて、そこで初めて自分たちのやっていることに「あれ？」と気づく人たちが出てきたというところだと思うのです。そこに虐待の問題もこうやって出てきて、やはりそうだったんだというところをみんなわかったという感じです。

平井：教育を受けてきたはずの若い人たちが、それが技術というかきちんとした力になっていくという道筋がほしいわけですよね。

田島理事長：ええ。

平井：実は、これはどの社会福祉法人でも同じだし、学校現場でもそうなのです。若い教員のほうがいろいろなことをきちんと知っていますよ。勉強しています。しかし、現場に入って難しい子どもの前に立ったときに、ちょっと戸惑って立ち止まっていると、今まで先頭に立ってやってきた年代の人たちから見ると、「見ているだけじゃないか、生ぬるい」というふうに評価されてしまうこともありますよね。だから、本当に身になる技術というのを現場でオン・ザ・ジョブトレーニングのようなことをどう進めるかというのはやはりどこでも課題だと思います。

田島理事長：そうですね。

組織がイノベーションを起こす時の法則

平井：その辺のノウハウをどう継承するかという課題があるかと思うのですが。

田島理事長：一つは、経営層もそうなのですけれど、年代が少しバラバラになってきてお互いが学ぶような機会が自然とできている点は良いことだと思います。今日の午前中もそうだったのですけれどやはり、若い幹部層の考え方はこうなのだ、年配のほうの考え方はこうなのだ、考え方は違うのだということをお互いわかった上ですりあわせをするということが今年度の後半ぐらいから少しずつでき始めてきています。そこは今年度の一番の成果だったかなとは思っているのですけれども。それは虐待問題で迫られて出てきた結果なのですけれども。

平井：具体的にはどんなことが、実際にすりあわせができたことなのでしょうか。

田島理事長：たとえば、若い人が支援の難しい利用者さんの個別支援計画のことで幹部層に相談すると、「いや、もうそれはしっかりやれ」とか「その人とよくラポールがとれている人が支援したほうがいいのではないか」みたいなアドバイスをするのですけれど、そもそもその人がラポールをとれているというのは本当にとれているのではなくて、体罰的対応によって従わせていただけなのではないかというような見方を若い層がしてきて。今まではそれを言えなかったのが最近はそういったことも言う機会が増えてきたというか。それで、それを言われた年配の層は言われて初めて気づく人もいる。「自分たちは具体的な技術のところを勉強していなかったね」と自分たちの中から反省が出てきたりしているのです。

会議の仕方を変えたというのもあると思います。以前は、「顧問（前理事長）がいろいろしゃべる。それを幹部一同聞く」（笑）という会議スタイルだったのですけれど、今は会議によってはみんなでKJ法みたいなものを使ってやったり議論をしたりします。そうすると、誰が何を言ったかわからないじゃないですか。上の層も下の層も思っていることを書ける。それで課題が出ると、「ああ、そうだ！」と気づく。そういった会議の仕方を変えたということもよかったかもしれないです。

南高愛隣会は結構体育会系なので、やはり今でも面と向かって、たとえば同じ部長だったとしても30年目の職員と15年目の職員だと「先輩にはそんなことはとても」などという雰囲気もありますが（笑）。会議でもなんでも言いやすい環境をつくったというところはうまくいった一つの原因かなというふうには思っています。

あともう一つ組織論的に考えて私がすごくよかったなと思っているのが、うちには前理事長の身内があまりいないことです。ほかの社会福祉法人さんでは先代から2代目になったときに駄目になるというか、なかなか難しいところもあるようです。しかし、うちは前の理事長が身内をほとんど重要なポストに就けていないのです。そういったところで身内の派閥がないというところはすごくやりやすいですね。

平井：（県からの処分の話は）常務からすぐに電話をいただいて、今回こちらに来て最初にその説明をいただいて。やはり、これは他山の石にしなければいけないなと思いました。どこでもありうることだと思います。

今、お話を聞いて、私は身体がゾクゾクとしてきました。組織が変わっていくときのあり方というものは、どこの組織でもそうなのです。今まで言えなかった発言がお互いに言えるようになってくる、いわば民主的関係性ができたときに、はじめて組織は変わる契機があると思うのです。それは学級内にいじめなどのあった子どもたちの集団が変わるときもそうですし、大人の集団が変わるときもそうだと思うのです。

今日の理事長のお話を聞けて、南高愛隣会は大丈夫だなというふうにつくづく思いましたよ。

ありがとうございました。

田島理事長：まだ渦中なので、これからが正念場ですが。

平井：今日は本当にありがとうございました。

―インタビューに応える田島氏の声は、透き通っていました。「今でも歌は苦手ですか？」と質問し忘れました。なお、冒頭に紹介した県からの改善命令および改善指導については平成28年2月26日、すべての処分が解除されました。この取り組み報告は、同年3月1日に法人ホームページ上に掲載されています。[25]

2.「ぶ〜け」を地域生活支援の核に―松村事業統括部長に聞く2

グループホームから居宅支援まで

―松村統括には、「ぶ〜け」のこれからついて課題と展望を語っていただきました。

平井：結婚生活支援でグループホーム制度を使えるようになったのは、サテライトができるようになった点が大きいですか？

松村：二人から認められるようになったのが大きかったですね。ご夫婦も支援ができますから。ただグループホームを増やすことが簡単にいかなくなってきているのです。消防法や建築基準法などの法令順守も必要ですし……。

平井：一戸建てにスプリンクラーつけなければいけませんしね。

松村：重度の人（区分4以上）が8割以上のホームはスプリンクラーが必要です。雲仙地区は田舎でマンションがないから戸建のグループホームが多いのです。都会のほうはマンションなどを使ってサテライトや一人部屋の集合型で入り込む方策があるんですが。

平井：総合支援法見直しで、軽度の方はグループホーム支援ではなく在宅支援にシフトしていくでしょうし……

松村：だから夫婦である程度落ち着いていたらグループホームから自立だねって話も出てくると思うのですけど、ご本人たちに迷惑かけないようにと思っています。また、夫婦になった人たちにはプライバシーに一層配慮して必要最低限の支援にしていく傾向があります。そのことでより密室になっていくので、最初はお互いを大事にするんですけど、時間がたつといつの間にかこじれたりとかDVが起こったりすることもありますね。二人が幸せであり続けるためにどんな支援を、どう工夫していったらいいのか課題は常にあります。
グループホームっていうのは世話人さんが非常に大きな力を発揮してくれるので、この制度の中でこれまでの「ぶ～け」は上手くいっていると思っています。
「ここから僕たちは出るよ」といって出られた後にお金の使い方とかで夫婦間に不協和音が出てくるなど様々なことが起きています。

夫婦で自立した後のお金の管理の方法とか、ケンカの仲裁とか、各種申請手続きなど苦手なことをグループホームにいるうちに練習しておく支援の在り方も検討しています。その後の変化やヘルプをキャッチする意味でも「ぶ〜け」が適時かかわっていくのが大事かなと思います。その意味でも「ぶ〜け」の会費をいただいて、つかず離れず見守っていく、「困ったり嫌なことがあったりしたら連絡してね」、みたいなお節介が大切です。「ぶ〜け」はフットワークを軽くしておかなくてはいけないと思っています。適宜ヘルパーさんや相談支援事業所へつなぐことも必要ですね。

平井：今グループホームから出た人たちにはどのような支援をしているのですか？

松村：支援は相談支援が関わっていますが、親がいない人は「あんしん家族」というNPOが人権に関することなど必要に応じて支援をしています。

平井：要するに公的な支援システムは相談支援くらいしかないってことですか？

松村：そうですね。プラス就業・生活支援センターに登録し、居宅介護の利用もありますね。

平井：居宅介護はどんな？

松村：家事援助の一環で家計簿をつけることの支援を週2回とか利用されている方もいます。本人たちは自由度が増していいことだとは思うんですけど、初めて出くわすことで上手く処理できないこともあるようです。様々な失敗、それも人生っていえば人生だなって思って、失敗して自分たちで支援の必要性を感じ、学んで軌道修正するまで待つかっていう思いもあるのですけど。

平井：昨日、天野さんに話を伺って「今の夢はなんですか」って聞いたら「グループホームをでて自立したい」って。

松村：そうですか。まぁ見ているのでしょうね。一緒に働いている方が二人で自立されているので。

平井：そういうロールモデルが近くにあるからみなさんそう考えるのでしょうけどね。

松村：能力開発センター出身者が多いので、常に目標を設けて上昇志向の体質になっているのかもしれないですね。中には「このままのんびり暮らす」と考える人がいてもいいのでしょうけど。

平井：突っ込みを入れて聞いたんですよ。「グループホームの世話人さんが面倒みてくれたり、食事があったり、お金の管理してくれたりした方が楽じゃないですか？　二人で旅行に行ったり楽しい生活だけできる方が楽じゃないですか」って。しかし、「いや、違います。自立したいんです。」っておっしゃるんですよね。

松村：失敗するならその時はその時って思うのですけど。もうグループホームの支援もなくていいなって思う人たちは「まだいたい」って言うし、反対に「まだまだ支援が必要では？」っていう人は「僕たちは出ます」っていわれるので、上手くいかないなって思うんですけど（笑）。

平井：そういう点では、総合支援法見直しの中で、自立生活アシスタントのような日常的な健康管理や対人関係調整などの支援を在宅の人にも行えるような仕組みを検討しているようですが、グループホーム支援のノウハウを継承していけると良いですね。

性支援のあり方

松村：「ぶ〜け」はまずは好きな人を見つけるという支援をしているけど、その後はデートやパートナー生活、結婚もあります。そこには愛する人同士が結ばれるという自然な流れがあるはずです。その時、性に関する知識や経験がなくて、互いを思いやる気持ちのズレやエネルギーの違いとか、後になって本人たちが困ることも出てきます。

平井：顧問の話にも出てきましたね。涙ぐましいマムシ取りの……

松村：（笑）そういうのが交際中には「気持重視」でいくのでわからなくて、実際に暮らしだしたら要求度合いが違うってことに驚いたりしたこともありました。それは結構ヘビーな悩みになったり……

平井：ヘビー？　うまい！（笑）

松村：笑い事ではないのです。一般の人たちも離婚の原因が、性格の不一致って多いと言われるけど、その中には性的な問題も含まれます。だから、結婚する前にそれも互いに確認するとか、そういうような積極的な支援が本当はいるのでしょう。もちろん個別ケースで、限られた支援者の中では話していけるんですけど、共有化するまでは至ってなくて。

私たちが知っているたくさんの成功事例や失敗事例はプライバシーに関わることなので、個人が特定できないようにどう伝えていくか。「ぶ〜け」支援の中に性支援のあり方を体系づけていくことが必要なんじゃないかと思っています。

平井：「生活実習」というお試し同棲など、しっかりシステム化していけると良いですね。

松村：そうですね。カップル誕生だけを目的とすると、その後が無責任になりますので、その先の支援も力をつけていかないといけないですね。どういう手順を踏んで「生活実習」に進めるかなど、そこは「ぶ〜け」のスタッフが年配者としての意見を言い、同年代の生活支援員たちは同年代の横の立場で言うという風に両方の良さを発揮していくことが必要です。「ぶ〜け」で取り組むけど、この支援は誰がする方が利用者にとっていいことなのかっていう役割分担でしっかり整理していけたらいいなと思っていますね。ただ、先ほども話したように「生活実習」できるグループホームの空き部屋確保が難しい問題もあります。雲仙だけでなく、長崎にも佐世保にもそういう場所を作りたいですが。

平井：性に関して学ぶ機会はどうなのでしょうか?

松村：能力開発センターでは「からだ体験隊」という取り組みが始まっています。男女の距離の取り方とか、自分の身体と異性の身体を知るという身近な課題から学んでいます。そういう性教育の基本的なところからきちんとカリキュラムの中に入れて学んでいこうとしています。「ぶ〜け」の今年の取り組みの中で、「からだ体験隊」にちょっと合流していく必要はあるなと思っています。

女性会員を増やす

松村：先生の調査でも明らかになっていますけど、女性が少ないという問題があります。10年前かな、少し先にミッション系の女性だけの施設があるのですが、その施設長と知り合いだったので、「ぶ〜け」と交流しませんか？　と話を持ち掛けましたが、まったく相手にしてもらえずに、撃沈でした（笑）。

平井：そっか、ミッション系で……純潔（笑）

松村：そうなんですよ。それから手をつなぐ育成会の方にもお話ししたことがあるんですけど、在宅からの通所なので親たちが心配で乗ってくださらないらしく、まったく無反応でした。それでは、在宅の人に一人ずつ「ぶ〜け」に入ってもらおうということで各事業所等にパンフレットを置かせていただくなどして新会員を増やす努力をしています。

平井：そこまで考えていらっしゃったのですね。

松村：南高愛隣会の内部だけじゃ出会いのチャンスが限られていますので、ピアの活動とも併せて広く出会いを求めて行って共感する人を増やしたいです。人を愛するとか仲間がほしいとかは、どこでも誰でも共通する気持ちだと思います。それを広げていきたいと思っています。難しいことはいっぱい出てくると思いますけど、その時に考えるしかないって思います。

平井：これからの「ぶ〜け」の課題は他の法人と連携していくことじゃないかなと思っていたのです。結婚というのは、そもそも、今まで全く作法の違う家で育った者同士がその違いを乗り越えて新しい家庭を作っていくことじゃないですか。それはこの業界で言えば法人のポリシーの違いを超えて交流が広がることではないかと思います。そこまで広がっていかないと、女性不足の解消だけでなく、「ぶ～け」のような取り組みを地域ベースで構想できません。

松村：ところが、つい先ごろ近くの入所施設から、「ぶ～け」の話を聞きたいから来てほしいという話が舞い込んできました。よくぞ呼んでくれたと、もうびっくりして、喜んで参ります。

平井：それは新しい展開で

松村：自分の法人だけが良ければいいではなくて、出会いの機会も増やしていきたいです。それから細やかに二人の仲が深まっていくような支援をしていきたいと思っています。

今後の人材育成につなぐ

平井：昨日も納谷さんたちのお話を伺っていて、最近話題になっている意思決定支援ということの根本にある考え方を「ぶ～け」は実践しているのかなってフッと思ったんですよ。そんな見方をすれば「ぶ～け」のやってきたことは今だからこそ光があてられるというかそんな気がしてきたんですよね。

松村：なんておっしゃっていました？

平井：ご本人の気持ちに沿って、こちらが押し付けないって。

松村：まえはよく押し付けていたんです（笑）。ずいぶん変わってこられました。

平井：こちらから利用者さんに「あの子いいよ、この子はどう?」っていうのをあんまり言わないとか。最終的には本人が決めるとか。

松村：それはそうです。

平井：大事なポイントをおっしゃったなと。

松村：あのお二人に続く次の世代を育てていかなければならないのですが……。今ひとり入れました。おせっかい好きな世話人さんを。まだフルでは働いてないのですけど。本人が「ぶ～け」みたいな支援こそ自分はしたかったって手を挙げてくれたので、期待しています。子育てもした経験があって、障害理解もあって、何より障がいのある人がハッピーな日々を送ることのお手伝いをしたいという人を時間かけながら育てていきたいと思います。

平井：「ぶ～け」だけじゃないですね。グループホームの世話人体制が大きく変わる時代になってきましたね。

松村：65歳以上の方でも短時間でもいいので働いていただき若い子育て世代と支えあう。高齢化した土地でもあるので、最高75歳ぐらいの人も働いています。「ぶ～け」担当者の方も世代交代の準備を今のうちからしていきたいですね。今年、保育士資格を持っている3人の方に世話人さんとして入ってもらいました。子育て支援をしているところは保育士資格者を入れました。今までの経験だけじゃなくて「ぶ～け」子育て支援の中にこの3人が入り込んでいるのが前進です。

平井：「ぶ〜け」担当者の皆さんと支援委員会の皆さんとでは、年齢とか考え方とかすごく違いますね。

松村：違うのがいいのです。育った時代や受けた教育や考え方、文化が違うのです。年配者は長年生きてこられた知恵や人間力・社会力みたいなものをいっぱい携えているので心強いです。この人間力・社会力をもった世話人さんと、大学で学んできたばかりの人権論とか制度論の中で考え分析する支援委員会の人たちが、相互に論じ合いながら一つ一つ課題を解決していくことが大切です。例え意見が合わなくてもいいのです。結局は利用者が選べばいいやって思います。このケースにおいてはどっちがどうなのって、どっちかに偏るのではなく、お互いのいいところが融合されれば、それはそれでいいのです。

平井：その辺が「ぶ〜け」支援委員会を立ち上げた意図でしょうか。

松村：意図は、あまりにも理論的な武装ができてなかったので、ご本人やご家族、職員たちにより良い理解と共感を得るために整理が必要と考えたからですね。経験に基づく財産はいっぱいあるので、これを若い生活支援員たちに整理・分析をさせることで「ぶ〜け」の今までやってきたことをきちんとまとめて外に出せるようにしたいというのがもう一つの目的です。若い生活支援員が「ぶ〜け」の歴史とか活動とかを学ぶことで自分たちのグループホームの支援とか日中事業所とかに異動しても必ず役立つと考えます。何のために支援があるのか、人の人生にどうかかわっていくのかっていうのを、彼らは「ぶ〜け」支援委員会の中で大きく学んでいるんだと思うのです。

そういう意味で彼らはこれからリーダーに成長していくでしょうが、その時に「ぶ〜け」支援委員会に参加した体験は必ず役に立つと思っているんです。理事長も同じ視点だと思います。「メンバーは毎年チェンジ」と言っています。いろいろな人が「ぶ〜け」支援委員会に入って学ぶ。去年から今年で半分入れ変わりました。新たなスタッフにも体験をしてもらって、「ぶ〜け」の活動を身をもって学ぶと、『ぶ〜け』のスタッフって凄いね、かなわないね」とか「ぶ〜け」スタッフのパワーに尊敬の念を持って見られるようになるのです。ここが大事なのです。この「愛する人との暮らし」ということの人権、小手先のちいさな人権ではなく生き方そのものを大事に据えたうえで、目の前のことをとらえていくという視点を持つことが大切です。このように考える癖をつけておかないと枝葉の論議で終わってしまうことになりかねませんので、そういう視点を彼らがしっかり持って、次世代を背負うリーダーになっていってほしいなって思っています。

平井：大変心打たれるお話を伺いしました。今日は長時間、貴重なお話をありがとうございました。

第12章

地域ネットワーク型「ぶ〜け」への展望

終章では、これまで見てきた長崎県島原半島に拠点を置く社会福祉法人南高愛隣会自主事業、結婚推進室「ぶ〜け」の取組から学べたことを整理し、他の地域で「ぶ〜け」のような事業を起こすことができるのか、できるとしたらどのような課題があるのか検討します。

1．南高愛隣会結婚推進室「ぶ〜け」7つの特長

出会いをサポートし結婚を推進する「ぶ〜け」10年の成果

「ぶ〜け」の活動は、公的な障害福祉サービスにはない南高愛隣会独自の事業として、グループホームやアパート・在宅の知的障害者に対する交際・恋愛、パートナー生活・結婚、子育てを支援しています。過去10年間は、南高愛隣会共同生活援助事業所の付帯的な位置づけで事業展開していましたが、2014年度から財政的にも独立採算の自主事業となりました。その事業は、担当統括部長の下に2名（2015年度から3名）の専任職員と15か所の共同生活援助（グループホーム）事業所に配置された「ぶ〜け」担当者（世話人等の兼任）、及び法人各事業所からジョブローテーションにより抜擢された若手職員による「ぶ〜け」支援委員会によって担われています。

グループホームの入居が2名から可能になり、また外部アパート等をサテライトとして利用できる制度改革により、グループホームを退所することなくパートナー生活が可能となりました。そのため、

結婚や同棲生活をしている利用者への生活援助を行う障害福祉事業所は今後増えることが予想されます。しかし、結婚や同棲生活に至る以前の交際や恋愛を支援する仕組みは、民間の結婚相談所くらいしかないでしょう。島原市の「ハッピーカフェ」のように行政が地域の活性化や少子化対策の一環として結婚に関する相談や会員同士のお見合いの実施、婚活イベントを行って出会いをサポートしている地域は少ないですし、知的障害者を対象とした事業は筆者の知る限り「ぶ〜け」だけです。

改めて南高愛隣会「ぶ〜け」10年間の成果をまとめてみます。

第1に「交際・恋愛」を生活に欠かすことのできない一部として希望する誰に対しても実現しようと支援者の意識が変わったことです。このことは利用者のセクシャリティーへの権利を承認し、希望する利用者に支援をすることも含んでいます。

第2は、毎月のイベントを軸にした、交際・恋愛への機会を提供する独自事業を展開してきたことです。

第3に、交際をはじめた二人を「ぶ〜け」担当者やグループホーム世話人、事業所支援員らのチームによって「見守る」体制が確立したことです。

第4は、交際からパートナー生活（結婚）への移行システムともいうべき「生活実習」や、「ぶ〜け」担当者による個別相談、グループホーム事業所の職員・世話人による関係者調整のノウハウを蓄積してきたことです。

第5は、家族再統合事例も含めて、子育て支援の実績を積み上げたことで、「子どもが欲しい」という当事者の声をまっとうに受け止め、相談に応じていることです。

第6に、パートナー生活が、愛する人との生活を実現したゴールであるとともに、新たな問題発生のスタートラインでもあるという当然のことに気づき、そうであっても「愛する人との生活」を実現することが大切だと確信したことです。

この結果、37組のパートナー生活者（内8組には子どもがいる）と29組の交際カップルを生み出し、2，500円という月会費にも関わらず200名を超える登録利用者を確保することができて「ぶ〜け」は独立採算自主事業として発展しています。

相手への思いやり、「人権相互の衝突の調整」が必要

しかし、利用者の「ぶ〜け」に対する「役立ち感」は、パートナー生活に至った人たちには高いものの、交際中や交際相手を探している人たちにとっては、それほど高いものとは言えない結果でした。この理由は第6章2で述べたように、利用者登録したけれど未だ交際相手を見つけられない、あるいは交際相手はいるけれどなかなかパートナー生活に移行できないといった不全感が背景にあると思われます。

交際中の行動や支援内容、当事者インタビューからは、デート場所や交際中の日常生活などかなり制約され、課題を課せられた条件下での交際となっている様子がうかがわれました。「見守られている」のです。言葉を変えれば「統制されている」のです。このことに対して調査した当事者はおおむね抵

抗なくそれを受け入れているように感じられましたが、そこに行きつくまでには紆余曲折があったことも想像できました。

交際中の人たちに課せられるかなり禁欲的なルールや生活上の目標遂行は、一見障害のある当事者の自由におつき合いする権利を制限することのように映るかもしれません。しかしこのような権利は「人権相互の衝突の調整」を必要とする権利であることにも留意する必要があります。なぜなら交際・恋愛、結婚とその延長上にある出産・子育ては、相手があってのことなのですから。相手の人権は言うまでもなく、これから生まれるかも知れない未来の人権への尊重義務というものが交際・恋愛と同時に生じるのです。このことの意味を当事者にわかるように教えていくことが必要です。

「人権相互の衝突の調整」などというと難しく思われますが、ようするに「相手への思いやり」ということです。「ぶ～け」専任の納谷さんたちは、筆者の「パートナー生活に行くためのポイントは？」という質問に、「相手のことを思いやることね」「それは絶対」「自分のことだけを考えていたらダメ」「おつき合いを始める時、二人に常々言っています」と答えていました。思いやりと優しさは違います。優しさは相手を労わることですが、思いやりは自分を抑えることではないでしょうか。

生活上の目標遂行については、「恋は努力の源」というアンケート結果で明らかなように、比較的容易です。難しいのは自分を抑えることの方です。「恋は盲目」とはよく言ったものです。シェイクスピアが言うように「自分たちが犯す愚行に気づけない」のです。そのためにかなり禁欲的なルールが必要だったのでしょう。

「愚行の権利」、失敗も本人の権利と認める支援へ

しかし、障害が軽度の利用者の中には「ぶ～け」のお世話は受けたくないといって、登録せずにグループホーム世話人に隠れておつき合いをする人もいるとのことです。あれこれ指図されたくない、もっと自由につき合いたいという気持ちは、日常生活自立度の高い人たちにはあるでしょう。

第1期「ぶ～け」支援委員会のまとめた文書には「失敗も本人の権利とすること」という文言がありました。入職4年目までの若手社会福祉士たちがまとめただけのことはあります。これは当事者の「愚行の権利」を認めるという、これまでの福祉現場感覚からは大変進んだ考え方です。

現在、厚生労働省社会保障審議会障害者部会で検討されている「意思決定支援ガイドライン（案）の概要」には「単に賢明ではない判断をするという理由のみによって意思決定ができないとみなされてはならない」という原則（意思決定支援5原則より）[26]が盛り込まれています。この原則にもとづき意思決定の内容の「人生の領域」において、住む場所、働く場の選択、障害福祉サービスの利用等と並んで結婚が挙げられていることは第1章でも指摘しておきました。

意思決定支援とは、意思を「聴き取る」だけでなく、その決定に基づくサービス提供につながることで完結する支援です。そこには、これまで主流だった「本人の意思を合理的である場合にだけ尊重する立場」での支援から、「失敗も本人の権利とすること」という本人中心主義（Person Centered）への転換があるのです。

「ぶ～け」が対象としている当事者は「意思決定能力があるかどうか」が問題となる重度の知的障

害者ばかりではなく、むしろ運転免許証が持てるほどの人たちも多くいます。こうした人たちの「失敗も本人の権利とすること」を認めることは、例えば自動車事故を起こして自分だけでなく他人にも多大な損害を与えるかもしれないリスクを受け入れるということでもあるのです。

「失敗も本人の権利とすること」と「人権相互の衝突の調整」との間で、支援者の支援は揺れ動きます。「どこまで本人に任せるか、どこから介入するか」、日々問われるのが現場です。いらぬお節介や口うるさい生活指導、転ばぬ先の杖的なパターナリズムに傾斜するときもあるでしょうし、自己責任だからと放任してしまうこともあるでしょう。だからこそ、「意思決定支援」の質を高めることが必要なのです。

聴きとることとサービス提供の分離

その保障の一つは、「一人で抱え込まず、複眼的な目で見る」ことです。「聴き取ること」と「サービスを提供する」ことを一人の支援員や世話人にさせないことではないでしょうか。

福祉サービスにおけるこの両者分離の発想は、計画相談の導入による「個別の支援計画策定」と実際のサービス提供を行う事業者を分けることの中にあると考えることができます。例えば、イギリスではMCA法にもとづく意思決定支援者（第三者代弁人（IMCA））などは「本人との利益相反を避ける」ことが求められているといいます。[27]

「ぶ〜け」の支援は、こうした意思決定支援と日常生活支援との分離への萌芽を含んでいました。

法人の自主事業として「ぶ～け」を置き、３人の専任職員を配置して交際・恋愛、結婚、子育てについて専ら利用者の相談に応じていることからも、これらの職員が「意思決定支援」を担い、各グループホーム世話人が日常生活支援を行うという分離ができています。さらに法人の別部署若手職員によって構成される「ぶ～け」支援委員会の存在もこのような役割分担への可能性を広げています。

「ぶ～け」の挑戦は、このような最先端の障害者福祉課題にコミットする事業でもあるのです。

失敗からの立ち直りをトリートメントする南高愛隣会のシステム

「愚行の権利」を認めるだけでは、その結果の責任を当事者だけに追わせて地域生活から引き離し入所施設や刑事施設、あるいは医療施設に収容することで解決するという方法しか取れないということになりかねません。そこから逃れるために福祉の網の目から零れ落ちてしまう人も生まれてしまいます。失敗からの立ち直りを支えられるシステムがなければ「愚行の権利」はただの理念にとどまるばかりか、世間からの批判を浴びます。

「ぶ～け」の交際・恋愛、結婚、子育て支援があっても、利用者の問題行動や犯罪行為がすべてなくなったわけではありませんでした。家庭を持ったことで新たにＤＶ問題が起こったケースもありました。交際やパートナーとの生活は、新たなトラブル（愚行）を生み出しさえします。それを未然に防ぐために、「ぶ～け」や世話人の支援は、時に口やかましいお節介に映るところもありました。それでも犯してしまった愚行に対しては法人の別部署が引き受け再訓練するシステムが用意されていました。もちろん犯した罪によっては刑事施設の世話になる人もいるでしょう。

しかし、彼らはやがてまた社会に戻ってきます。戻ってきたときの支援がないために犯罪を繰り返し、刑務所と社会とを何度も往復するような累犯障害者が生まれます。結果責任を当事者だけに負わせて地域生活から引き離し入所施設や刑事施設あるいは医療施設に収容するだけでは、問題の根本的な解決にはならないのです。この矛盾に気づき、累犯障害者を作らないためのシステム研究に取組み、全国で最初の「高齢・障害者地域生活定着支援センター」を立ち上げたのが南高愛隣会でした。それだけではありません。法人内に、これも社会福祉法人としては全国で初めての更生保護施設「雲仙・虹」をつくり、さらに福祉事業所において社会復帰訓練を行う生活訓練事業所「あいりん」とグループホーム「さつき」を組み合わせた日中・夜間の社会内訓練事業[28]を行っています。失敗からの立ち直りをトリートメントするシステムがあるのです。このシステムが利用者の「愚行の権利」を実質的に保障できるのだと言えるかもしれません。

「ぶ〜け」6つの成果に加えて、法人の「立ち直りをトリートメントするシステム」を7つ目の特長として加えておきます。

2. 交際・恋愛、結婚、子育て支援が必要なのは障害者だけではない

島原市営「ハッピーカフェ」の苦戦

我が国の15歳以上人口の未婚率は、男性31・9％、女性23・3％となっています（平成22年度国勢調査）。平成23年人口動態統計月報年計（概数）の概況[29]によると、婚姻件数は66万1899組で、婚姻率（人口千対）は5・2人、平成21年以降減少し続けています。そして、有配偶が未婚の割合を上回るのは男女共に30～34歳以上の年齢階級という結婚の高齢化が進んでいます。政府は平成25年「少子化危機突破のための緊急対策」を発表しました。第11章の理事長インタビューで触れた島原市の「ハッピーカフェ」は、この対策による国予算によって事業化されていました。

「ぷ～け」共同研究のため島原市内に滞在していた間に、商店街の一角に位置する「ハッピーカフェ」にお邪魔して島原市「市長公室政策企画課地域・婚活班長」の肩書をもつ担当者と「しまばらお世話コーディネーター」にお話を伺いました。

島原市では、農業後継者を確保するという目的で以前からイベントなどをしていたそうですが、平成26年度から国の少子化対策強化の交付金で、結婚から妊娠、出産、育児までの切れ目のない支援として「しまばらハッピーライフ応援事業」を開始しました。オープンは平成26年12月です。筆者が訪問したのはオープン3か月後だったのですが、

「昔、各町内にお世話好きの方がいらっしゃって、『どこどこのだれさんと、お見合いをしてみんね』という感じで若い男女を結び付けていたように、相談や出会いのお手伝いをしてくださる市民ボランティア『しまばらお世話し隊』を活用していきます。その活動拠点・相談窓口がハッピーカフェです。毎月一回、小さなお子様から大人の方までを対象とした手づくり教室などを開催しています。12月にオープンして、3月の今までここにお見えになった方は600人ぐらいです」との説明を頂きました。「お世話し隊」にも既に12名の市民が登録しているとのことでした。

それから1年後、2016年2月の長崎新聞には「ハッピーカフェに春よ来い」との記事が載っています。登録者数は70名となり、島原鉄道を借り切った「ハッピートレイン　恋の出会い旅」というイベントも企画しているそうです。これまで13組のカップルが誕生したが結婚事例は未だ一例もないとのこと。「市の模索は続いている」と記事は結ばれていました。

障害がなくても結婚が難しい時代、「ぶ～け」から学ぶことは多くあります。

結婚できない貧困世代、在宅からの脱出を保障する

書店で「結婚・出産なんて『ぜいたく』だ」と書かれた真っ赤な帯の本を見つけました。思わず手に取ってしまいました。書名は「貧困世代　社会の監獄に閉じ込められた若者たち」という藤田孝典の本[30]です。藤田はもちろん「結婚・出産がぜいたくだ」と主張しているのではありません。そう言わざるを得ないほど、現在の若者（15歳～39歳）は社会構造的な貧困に追い込まれており、その支援策は極めて乏しいということを主張しています。解決のための提言のひとつとして、少子化と貧困対策を同時に行える「親元を離れて独立した住居を構え新しい家庭を築いていく基盤整備」としての住宅政策、低家賃住宅の保障を挙げています。実は、住宅政策の再構築が日本の貧困問題解決の切り札ではないかという考えは、ホームレス支援ジャーナル「ビッグイシュー」基金が2013年10月にまとめた「住宅政策提案書」で展開されています。ちなみにこの提案書に藤田は「家を借りることがリスクの時代―檻のない「牢獄」と化した実家」という一文を載せています。「実家がある最低限の生活は保障するが、自由な生活を奪う『牢獄』として機能しているといっても言い過ぎではない」という藤田の指摘は、障害があるために実家からいつまでも出ることのできない「在宅」という言葉と重なって読めました。

二名から入居可能となったグループホーム制度が、障害者のパートナー生活を実現する強力なツールとなっていることを改めて感じます。総合支援法の見直しで、軽度障害者のグループホームをなくし在宅支援を充実させていく方向が検討されていますが、このことが障害者の実家から出て一人暮らしや二人くらし、あるいは仲間とシェアしあって共同生活をする選択肢を狭めることになってはならないと思います。グループホームに替わる住宅費補助をしっかり充実させることが必要です。貧困対策も然りです。シェアハウスなどにも補助をしたらよいと思います。

避妊を知らない少女・あえて恋愛しない若者たち、性教育と見守り支援の必要性

産婦人科医の宋美玄は、「15歳〜19歳の少女の一千人当たりの人工妊娠中絶の数は12・1人」との数字を紹介しています。[31] この数値は、先に紹介した婚姻率と比べると驚かされます。婚姻率は一千人当たり5・2人ですから、割合ではありますが、結婚する人の倍以上の少女が中絶していることになるのです。性交経験のある高校生の約46％が避妊せずにセックスしていると言います。少女がセックスを学ぶ媒体は、友人か商業ポルノ、つきあうようになった相手男性からです。それがいかに危ういかということを、宋はデータや若い女性との懇談から示しています。その上で「具体的な内容に踏み込むことが国によって制限されている」現在の学校における性教育の不十分さを指摘し「性教育は道徳レベルで語るのではなく、性交の初体験率や性感染症のデータ、中絶率、若年妊娠と虐待との相関性などの統計を参考に、実践的に行うべき」と述べています。

性教育がまともに行われていないのは、知的障害者だけではないのです。

牛窪恵[32]は、20代男女の恋愛と結婚に関するアンケート調査等をもとに、「恋愛は面倒でリスキーだからスルーする」若者が増えていると述べています。

そして、超情報化社会で生まれ育った若者の間で、恋愛とセックスと結婚の乖離が進んでいると分析します。セックスは友達感覚の「セフレ」や「ソフレ」（SEXしない添い寝だけ）あるいは「セルフ」（ひとりエッチ）で済ませる。結婚する理由は、一緒にいて安らぎを得たかったり、子どもが欲しかったり、経済的・社会的に有利だったりするためなので、同性婚や齢の離れた相手との結婚や婚姻にと

らわれない同棲など形態は多様化しているというのです。

そして、これからは「ドライな連帯結婚こそ、コスパでお得」という考え方が広がるだろうと予想しています。「恋愛と結婚は別で良い」というわけです。恋愛やその延長上での結婚には精神的にも経済的にもリスクが大きいし、その失敗は「自由意思で相手を選んだ自己責任」だとされることへの身構えだというのです。「男女の婚姻」だけを結婚とする考え方は時代遅れだから、同棲カップルを支援する制度を導入すべきだと提案しています。しかし、恋愛トレンディドラマ全盛時に若者だった牛窪は、本当は若者にもっと恋愛もしてほしいと思っているようです。「いざというときに役立つセーフティーネットを用意する。『恋愛も結婚も、失敗したって大丈夫だよ』と背中を押してあげる。そんな『見守り型』の支援こそ」求められているとまとめています。

この発想は「ぶ～け」の支援そのものではありませんか。

3.「ブ～ケ」を手渡す支援を各地につくる

第1節では結婚推進室「ぶ～け」10年の成果と、「愚行の権利」を実質的に保障し失敗からの立ち直りを支える南高愛隣会のトリートメントシステムの意義を考えました。

第2節ではこのような「ぶ～け」の成果が、知的障害者だけでなく社会一般の若者問題とその支援に共通することに触れました。

そこで小論のまとめとなる第3節では、「ぶ〜け」のような取り組みを、他の地域で展開するとしたらどのような課題が残されているのか検討しつつ、展望したいと思います。

つまり「ブ〜ケ」を手渡す支援を各地につくる展望です。

障害のない人と交際したいという声に応えることはできるか

島原の「ハッピーカフェ」に取材中、逆に質問をされました。それは、もしも知的障害がある方が登録に来たらどう対応したらよいか？　ということでした。

筆者は次のように答えました。

「知的障害者の中には、小中学校時代は通常学級にいたけれど、学習についていけずお客様状態でいた。高等学校で特別支援学校に進み少し自信をつけ卒業して就労した。今は立派に社会人になって、少々の支援は受けているけれど、きちんと収入もあって生活を営んでいるという方もいます。

登録したい、という希望は、それはそれとして尊重するべきだと思います。ただ、おつき合いを継続していけるかというと、価値観とか趣味とか関心とかそうしたものが合っていないと難しいですよね。だんだんと利用して話ができるようになってきた段階で、『恋愛にしても結婚にしても、周囲に認められて祝福されていかなければ幸せにはなれませんよ』というようなお話を率直にされて、その方の親御さんなり支援者の方、この地域でしたら「ぶ〜け」もありますから、そうしたところと連携していかれたらどうでしょうか。それにしても、こちらの紹介で障害のある方とない方がおつき合いできるようになったら嬉しいですね」

今改めて自分の言ったことを振り返ってみると、きれいごとで済ませてしまったと反省します。障害のある人とない人とのおつき合いの困難性を「価値観とか趣味とか関心とかそうしたものが合っていない」ことに求めたのですが、他の理由の方が大きいと思うのです。筆者の授業で「知的障害者との出会いとその印象を率直に述べよ」と特別支援教育を専攻していない学生に聞くと、少なくない学生がその顔つきや体形などの見た目や奇異な行動などからあまり良い印象を持っていなかったと答えています。良い印象を持っている学生は、「話してみたら面白かった」とか「自分より頑張っていた」「素直で偽らないところがいい」「クラスの癒し系だった」など性格やコミュニケーションに関する印象を挙げています。この回答は、子ども時代の出会いと印象ですから、そのことが交際相手として考えたときの印象になるとは言えませんが、少なくとも「価値観の一致や不一致」以前の「見た目や行動」の問題が大きく立ちはだかっているように思えます。

「障害のない人と交際したい」という当事者の気持ちも、多分にこの「見た目や行動」に引きずられたものでしょう。当事者の異性よりもたまに会う若い職員やボランティアの学生ばかりに目が行ってしまうというのは、そうした印象のレベルでのつき合いにとどまっているからです。本気で話題を交わす密度の濃いおつき合い体験が必要です。それでも「見た目」は大事でしょう。「ぶ〜け」イベントには「自分磨き」としてお化粧やおしゃれの講座も用意されていました。そうして「見た目」を武器に障害のない人にアタックしていくことも経験だと思います。「見た目」だけのレベルの失恋ならそう深手にはならないと思います。職員やボランティア、あるいは「ハッピーカフェ」登録者のような「障害のない人」が当事者から特別な感情を抱かれたと感じたら、まずはボランタリーな感情を捨てて素直な自分の感性で当事者と向き合って欲しいと思います。相手の当事者に合わせるのではなく、自分自身の価値観や趣味や関心にもとづく話題を当事者にぶつけていくことが相手の人格への尊重だと思うのです。そこで「話してみたら面白かった」「自分より頑張っていた」「素直で偽らないところがいい」「私を癒してくれる」などと感じることができたら、もしかしたら「知的なつり合い」を乗り越えて交際できるのかもしれません。

しかし多くの場合、交際は「知的なつり合い」の内側で起こりますし、その方がお互いに心地よいというアクチュアルな認識を持つべきでしょう。

経営理念や支援方針の違う法人をまたぐ支援者協働の展望

結婚推進室「ぶ〜け」は、障害福祉のあらゆる事業を手がけ一千人の利用者と500人を越える職員を擁する南高愛隣会という大きな傘の下で活動していました。そのことが「ぶ〜け」7つの特長を生み出していたのですが、一方では「相談できる人は法人関係者しかいない」ために生まれる弊害もあるかもしれません。理事長も担当統括部長も述べていたように、これからの課題は法人横断的な連携ができるかどうかです。このことは、都市型の在宅者会員中心の「ぶ〜け」を構想する上でもポイントとなるでしょう。

一つの区市でも多数の法人経営になる事業所があり、それぞれを利用している人や企業就労している人が会員となった「架空ぶ～け」を想像してみましょう。

土曜日に福祉の地域イベントがあり、就労支援事業所で働くQさんは毎年そのイベントで事業所が販路拡大に力を入れているパウンドケーキの販売を担当していました。ところが結婚推進室「架空ぶ～け」ができて、そこの会員となったQさんは「今度の土曜日は恋活パーティがあるから販売を休ませて欲しい」と施設長に申し出ました。それを聞いた施設長はQさんの申し出を渋々認めたものの「地域の福祉祭りという大切なイベントに、新参の無認可事業所が恋活パーティなどといういかがわしい催しをぶつけてきて、利用者を取り込もうとしている」と社会福祉協議会の席上、激怒して見せました。

一方施設長にいい顔をされなかったQさんは、その後休みの日に行われる「架空ぶ～け」イベントには、仲間や職員に隠れていくようになり、また次第に就労支援事業所での仕事に身が入らなくなっていきました。施設長は「恋だの交際だのと言うことにばかりうつつを抜かすようになって、仕事に身が入らなくなってきた」とQさんの態度を評価していました。そんなある日、Qさんが「架空ぶ～け」のパーティで知り合ったWさんという人が就職している特例子会社の社長から施設長に連絡が入りました。会社にいるWさんに頻繁に電話をかけてくる人がいるので聞いてみたら、Qさんだとわかったので、「おたくではどんな支援をしているのか話を聞きたい」というのです。施設長と社長とは就労支援連絡会の席上で顔を合わせたことがありましたが、親しく話したことは未だありませんでした。すると今度はWさんが暮らしているグループホームの世話人からも施設長に連絡がありました。Wさんの今月の携帯代金がいつもよりかなり高額になっているので、Wさんの携帯利用記録をチェックしたらQさんの電話番号に頻繁にアクセスしていることがわかった。Qさんがそちらの施設に通っている人だとわかったので「ひとつ注意をしてやってください」とのこと。さて、今後の展開は……

以上は全く架空の話ですが、この中に問題の在処と解決のヒントがあります。

問題点は、①施設長の利用者ニーズの把握と事業所の役割に対する認識の問題。②Qさんの社会生活対人スキル（就労環境での休暇申請や相談・電話の仕方、仲良くなった相手への配慮など）の問題。③「架空ぶ〜け」運営の他団体との調整の問題。④特例子会社社長の雇用障害者やグループホーム世話人の利用者への人権感覚の問題……他にも気づくところがあるかも知れませんが、こんな問題を背景にして、「架空ぶ〜け」の前途は多難に見えます。

他方、この地域では毎年福祉祭りを実施し市民に理解を広げる活動が定着していること、社会福祉協議会や就労支援連絡会など福祉と雇用企業をつなぐネットワークがありその会合が開かれていること、日中支援と共にグループホームなどの生活支援を利用している人がいることなどがわかっています。これは今日どの区市でもみられるありふれた風景ですが、この中に解決へのヒントがあります。

第一に「架空ぶ〜け」が、施設長の知らない「新参の事業所」でなくこの地域の障害福祉の中心的な担い手である社会福祉法人の新規自主事業だったらどうでしょうか、あるいは社会福祉協議会の事業であっても良いでしょう。そうすれば初めからイベントのブッキングや施設長の「いかがわしい催し」発言はなかったでしょう。

第二にそれは、施設長、社長、世話人をはじめとする障害福祉関係者による知的障害者のセクシャリティの承認や利用者ニーズの把握の修正を意味します。就労支援事業所も障害者多数雇用企業関係者も、グループホーム世話人もそこにいる知的障害者の友だちや交際相手が欲しいという切実なニーズとそのことに派生するトラブルを知っているはずです。

第三は「架空ぶ〜け」のきめ細かい連絡調整による他団体との連携を大切にした運営です。QさんとWさんとの交際がスタートしたことを最初に知るのは「架空ぶ〜け」ですから、そのことを当事者の了解の下に関係者にも周知し、暖かな見守りを要請すべきです。

第四に、関係者に周知することと同時に、「架空ぶ〜け」登録者を増やしていくためにも既存の「就労支援連絡会」などのネットワークを活用していくことが必要でしょう。

第五に、この架空騒動を通して改めて露わになったQさんWさんの社会生活対人スキルの課題を共有し、他の人たちにも潜在している知的障害者の生涯学習ニーズ[33]に応える取り組みも「架空ぶ〜け」の事業に組み込んでいく展望が描けます。

親のもとにいる在宅者の支援、親や支援者の心配にどう応えるか

40年も前のことです。障害のある子どもの就学運動や作業所作りを担ってきた地域親の会のリーダーの言葉が忘れられません。「学校卒業後の働く場・生活の場は確保できたから、次は親が亡くなっ

た後の老後の暮らしを保障することが課題ではないか」と誰かが発言しました。ところがこのリーダーは「なにか途中が抜け落ちていませんか？　就職して仕事をするようになったら、もう親亡き後の老後の心配ですか？　人生の真ん中がないではありませんか」と発言しました。そして、そのリーダーは自分のお子さんを結婚させてご自宅の敷地に小さな家を建て、そこに夫婦二人で住まわせたのでした。支援が必要なときはリーダーご夫婦が何かと面倒を見ていたようですから、新たにもう一人の障害者をご自分の家に迎え入れたようなものでした。このリーダーの発言と実践には感動しましたし、とてもまねのできることではないと思いました。

在宅の知的障害者の結婚生活とその支援をこのようなモデルで理解することは、現在では適切ではないと思います。

知的障害のある人が自宅の家に連れあいを迎え入れて、家を継ぐということもあり得ないことではないと思いますが、若い夫婦が親と同居しないように、知的障害のあるパートナー生活者もまずは実家から出てグループホームなりアパートなりで支援付きパートナー生活を営むことを基本に考えたいと思います。

それだけならばおそらく多くの親は反対しない時代に入っていると思います。

問題は、婚姻関係を結ぶかどうか、子どもをもつかどうか、この二つでしょう。

婚姻関係を持つと言うことは、家の財産をどうするかという現実的な問題と絡んできます。きょうだいがいる場合や障害のある当事者の片方が相当の財産をもっている場合などはより複雑になるでしょう。そして縁戚関係が増えることでの障害者を巡る価値観の衝突、差別や偏見に絡む波立ちなどが起こります。「ぶ〜け」担当者の一番の苦労はこの問題を巡って当事者と親の間に入り調整したことでした。

もう一つは、子どもを産むか産まないか、もっとも意見が分かれるところです。当事者の人権、生まれてくる子どもの幸せといった人権論・倫理論から、子育ての実際的なことまで、両親が四人いれば四通りの、支援者が加われば支援者の数だけの異論が噴出するでしょう。

どちらも丁寧な対応が必要であることは言うまでもありません。しかしこの二つの問題がすべて円満に合意できるまでパートナー生活を先延ばしするとしたら、親が亡くなるまで待とうと言った笑えない解決策しか出てこないでしょう。

性教育と避妊の徹底で、まずは「パートナー生活」から

解決策は、婚姻届も「子ども」もいったん棚上げして、まず結婚ではない「パートナー生活」を選択することではないでしょうか。

「パートナー生活」では、財産に関しては別々のままです。共同生活にかかる費用部分だけ折半で出し合うのです。経済的にも別々の人として共同生活をするというスタイルは、お互いの人格的な独立性を承認し合う意識を高めます。もたれ合った夫婦関係や支配被支配的な夫婦関係にならないためにも有効なあり方だと思います。そして例え別れるようになっても、お金の面ではスッキリしています。

「子ども」を棚上げするということは、親や周囲の反対があるうちは「子どもをつくらない」ということを当事者が了解するということです。（当事者が了解しなければ、親や周囲と決裂するということです）これは「子どもをつくるのなら結婚させない」「子どもをあきらめるなら結婚してよい」という意味ではありません。当面は、保留し今後も協議を継続するということです。したがって絶対に産まれなくしてしまう避妊方法は採用しません。

この保障のためには、実践的な性教育と避妊管理が欠かせません。そのために、二人の双方に同性支援体制を作り、丁寧に教えることや見守ることが必要だと思います。そして避妊は失敗も覚悟しておく方が現実的です。そうなったとき、いったん棚上げした議論を新たな条件下で話し合うことになると思います。

「先手必勝」の交際支援と性教育、「後手不敗」のトラブルシューターネットワーク

さらに親と支援者の心配は、交際をはじめた二人がパートナー生活への明確な合意や意思の曖昧なまま性的な関係に至ってしまうのではないかというものでしょう。二人の間でも一方的に性的関係を迫るようなことがあれば他方はひどく傷つくことでしょう。また片思いや関係が終わってからも一方がつきまとい行動（ストーカー）を繰り返すということもあります。こうしたリスクは、宋や牛窪も指摘するように、ごくふつうの若者たちの間でも問題になってきていることです。そうだからこそ、「寝

た子を起こさないようになるべく蓋をしておいて、何かあったあとから対応する」という後手の支援ではなく、先手必勝の交際支援と性教育のある地域生活支援を事業化していくことが求められていると思います。

同時に「後手不敗」のフォローー体制も地域に用意することが必要です。

その試みは、犯罪やトラブルに遭遇した知的・発達障害の特性や背景を理解し、適切な刑事手続きや保護・立ち直り支援などを関係機関と連携し進めていこうとする「トラブルシューター（TS）」活動[34]として各地で始められています。また性犯罪リスクのある知的障害者向けの認知行動療法にもとづく「再犯防止に向けた地域包括的プログラム」SOTSEC-ID（Sex Offender Treatment SErvice Collaborative- Intellectual Disability）[35]に学び、性的問題のある知的障害者向けの性的対人関係とコミュニケーション改善を図る連続グループセッションを始めた「多摩TSネット」[36]のような地域もあります。

こうしたフォロー体制を整えつつ、法人横断の地域ネットワーク型「ぶ〜け」が各地に誕生できたら素晴らしいとは思いませんか。

文末脚注

1　2016年の現在、通勤寮は宿泊型自立訓練に、生活寮はグループホームに変わっている。

2　知的障害が「精神薄弱」と呼ばれていた当時、大井は彼らに親しみを込めて「ちえおくれ」という用語を当てていた。

3　大井清吉（1989）「ちえおくれの子の親と教師に　地域で生きる生活教育」、大揚社

4　秦安雄（2000）「知的障害者の地域生活支援に関する研究－知的障害者の結婚と子育て支援について、ゆたか福祉会の事例から」日本福祉大学社会福祉論集第103号、p1～52

5　井上和久・郷間英世（2001）「知的障害者の結婚と性に関する調査研究」、発達障害研究第22巻第4号、p342～353

6　井上和久・郷間英世（1999）「知的障害者の結婚とその援助に関する調査研究」、発達障害研究第21巻第3号、p214～220

7　鈴木良（2013）「知的障害者の地域移行における性の統制過程に関わる一考察」、京都女子大学生活福祉学科紀要第9号、p9～18

8　2004年度日本財団助成事業研究「障害のある人々の結婚・就労・くらしに関する研究」（研究代表者・高松鶴吉）の一部で「知的障害者の結婚生活支援のあり方に関する研究」（研究代表者・小林繁市）としてまとめられているが、成果物の冊子が手に入りづらいため、この内容をリライトした河東田博（2013）「脱施設化と地域生活支援：スウェーデンと日本」、現代書籍、第3章第3節から引用する。なお、初出は、河東田博（2006）「知的しょうがいしゃの結

婚生活支援のあり方に関する研究」立教大学コミュニティ福祉学部紀要第8号、ｐ71～100
9 上記、日本財団助成事業研究報告書、Ｐ23
10 田中恵美子（2014）「知的障害者の『結婚生活』における経験と支援―生活構造論と生活の資源の枠組を用いて―」障害学研究第10号、ｐ88
11 新藤こずえ（2013）「知的障害者と自立―青年期・成人期におけるライフコースのために」、生活書院刊、ｐ187
12 厚生労働省ＨＰ（2016．4月現在）http://www.mhlw.go.jp/stf/shingi2/0000096738.html
13 社会福祉法人南高愛隣会ＨＰ（2016．4月現在）http://www.airinkai.or.jp/service/annai_bouquet
14 ＮＰＯ法人障害者後見・支援センター「あんしん家族」理事長田中龍彦氏のお話
15 Glen H Elder,Jr./Janet Z.Giele（本田時雄／岡林秀樹監訳）（2013）「ライフコース研究の技法」、明石書店刊
16 船形コロニー解体宣言について　宮城県社会福祉協議会ＨＰ（2016年4月現在）http://www.miyagi-sfk.net/about/announcement/node_750/node_751
17 厚生労働省ＨＰ（2016．4月現在）http://www.mhlw.go.jp/toukei/list/seikatsu_chousa.html
18 平井威（2005）知的障害者を対象とする大学公開講座等に関する研究―東京学芸大学公開講座「自分を知り、社会を学ぶ」の評価を中心に―、東京学芸大学大学院教育学研究科修士論文
19 平井威（2008）平成20年度受講生の評価―おしまいアンケート結果より「2008オープンカレッジ東京講座のまとめ」、オープンカレッジ東京運営委員会刊
20 平井威（2014）施設を出て地域で暮らすために必要な支援とは何か2―知的障害児施設退所者と自宅在住者との

比較調査から―、明星大学教育学部紀要第5号、p

21 平井が2013年に実施した在学時代在宅であった特別支援学校高等部卒業者40名の調査では、「相談できる人」の割合は、親族58％（親38％、きょうだい14％、親類6％）、世話人・施設職員20％、会社の人12％で、「福祉・市役所の人、会社の人、民生委員、弁護士、先生、（友達）」の割合は10％だった。

22 平井威（2014）施設を出て地域で暮らすために必要な支援とは何か2―知的障害児施設退所者と自宅在住者との比較調査から―、明星大学教育学部紀要第5号、111～125

23 東京OSEKKAI化計画HP（2016年4月現在）ttp://www.fukushihoken.metro.tokyo.jp/osekkai/

24 田島良昭（1999）ふつうの場所でふつうの暮らしを　コロニー雲仙の挑戦①くらす編、ぶどう社

25 社会福祉法人南高愛隣会HP（2016．4月現在）http://www.airinkai.or.jp/20160301_oshirase

26 平成26年度障害者総合福祉推進事業「意思決定支援お在り方並びに成年後見制度の利用促進の在り方に関する研究事業」より意思決定支援ガイドライン案の概要：厚生労働省HP（2016．4現在）http://www.mhlw.go.jp/stf/shingi2/0000096738.html

27 2015年9月の日本司法・共生社会学会東京大会における水島俊彦弁護士の基調講演より

28 1）松村真美他（2014）「触法・被疑者の地域社会内訓練事業の実施」平成21・23年度厚生労働科学研究「触法・被疑者となった高齢・障害者への支援の研究（主任研究者：田島良昭）報告書、社会福祉法人南高愛隣会刊

2）長崎新聞社「累犯障害者問題取材班」（2013）「居場所を探して―累犯障害者たち」長崎新聞社刊

29 厚生労働省HP（2016．4現在）http://www.mhlw.go.jp/toukei/saikin/hw/jinkou/geppo/nengai11/kekka04.

html

30　藤田孝典（2016）「貧困世代　社会の監獄に閉じ込められた若者たち」講談社刊

31　宋美玄（2014）「少女はセックスをどこで学ぶのか」、徳間書店刊

32　牛窪恵（2015）「恋愛しない若者たち　コンビニ化する性とコスパ化する結婚」、ディスカヴァー・トゥエンティワン社刊

33　田中良三・藤井克徳・藤本文朗編著（2016）「障がい者が学び続けるということ　生涯学習を権利として」、新日本出版社刊、参照

34　1）堀江まゆみ・水藤昌彦監修・東京TSネット編（2016）「更生支援計画をつくる：罪に問われた障害のある人への支援」、現代人文社刊

2）一般社団法人東京TSネットHP参照　http://tokyo-ts.net/

35　Neil Sinclair, Sarah-Jane Booth, Glynis Murphy 著、安藤久美子監訳（2015）「性犯罪リスクのある知的障害者向けの認知行動療法」、NPO 法人 PandA-J 刊

36　多摩TSネット：東京都多摩地域において、障害のある人のトラブルや触法を予防し、トラブルが起きた時に早期に救済できる仕組みに関する理解啓発や事例検討、支援のためのネットワーク構築を目的として活動している任意団体。この団体の中にクローズドな研究グループ「SOTSEC-ID　JAPAN 多摩グループ」を立ち上げ、白梅学園大学堀江まゆみ教授、国立精神・神経医療研究センター安藤久美子医師の監修のもとに連続グループセッションを実施している。

あとがき

共同研究を終えて

私は、「ぶ〜け」共同研究に携わるまで、障がいのある方が恋愛や結婚をしたり、ましてや子育てをしたりするは難しいのではないかと感じていました。「ぶ〜け」に登録している方々は、スタッフが自分に似合う相手を探してくれて、デートの仕方を教えてくれて、結婚する為の準備をしてくれて、子育てのお手伝いまでスタッフが手取り足取り支援しているからこそ家庭生活が送れているのだと思っていました。そこまでして彼らの生活に愛や恋が必要だろうかと思うこともありましたし、そもそも自分のことで精一杯なのではないか、むしろ自分の幸せだけを考えて生活していくほうが楽しく暮らせるのではないかとさえ思っていました。

今回の共同研究で、私は様々な方との出会いに恵まれました。出会ったどの方も目の前にいる方の幸せを第一に考え、それぞれの活動に取り組んでいました。もちろん「ぶ〜け」に携わるスタッフにも同じ事が言えます。「ぶ〜け」に携わるスタッフは常に登録をしてくださっている方のことを思い活動をしています。恋活のイベント一つを開催するのも大変ですが、みんなの笑顔が見たい、ひと組でも多くのカップルが出来ることを喜びとして準備をしています。利用者に助言するのも心から彼ら一人ひとりが幸せになることを思ってしています。そのような支援や関わりは第三者が見ても分かるような愛にあふれた支援でした。

そのような支援を受けた方は、愛される事や大切にされる事の喜びを自然に理解していくのだと思いました。そして同じように自分の好きになった相手を大切にしたい、幸せにしたいという気持ちをもつのではないかと思います。大切にされる経験は次の想いを生み、それが繋がっていくのだと思いました。また一人ひとりが幸せを感じることで周りにも幸せが伝わるのだと思いました。その想いの繋がりの大切さを今回の共同研究の中で学びました。ですから一つ一つの幸せになる為の活動を途切れさせてはいけないのです。

今は寂しさや悲しさを感じている方にも、幸せになりたいと希望が持てるような活動を届け続けていく必要を感じています。

「ぶ〜け」共同研究を通して関わった方々の幸せそうな笑顔を見て、私自身も幸せを感じました。より多くの方がそれぞれの幸せの形を実現できるようなお手伝いをこれからも継続していきたいと思います。

共同研究を行う上で多くの方のご協力を賜りました。本当にありがとうございました。

（「ぶ〜け」共同研究プロジェクトリーダー　小西亜弥）

謝辞に代えて

本書は、社会福祉法人南高愛隣会結婚推進室「ぶ〜け」の10年を総括しこれからの事業展開の方向を探るために立ちあげた「ぶ〜け」共同研究プロジェクトの研究報告書として作成をはじめました。しかし、書いているうちに、これは一社会福祉法人の事業としてだけでなく、障害者福祉のこれからの展開にとってなくてはならない事業ではないかという思いが強くなっていきました。また、障害者福祉の文脈からだけではなく、少子化や若者の恋愛結婚事情とも絡んだ現代的課題とコミットする話題ではないかとも考えるようになりました。

そんなわけで、第1章と最終章で考察したように、「ぶ〜け」のような事業が他の地域でも展開できないかという視点でまとめました。

そもそも「ぶ〜け」共同研究プロジェクトを立ち上げるきっかけとなったのは、2014年2月、長崎県地域生活定着支援センターと更生保護施設「雲仙・虹」及び長崎純心大学の障害者生涯学習プログラム「純心カレッジ三ツ山塾」を平井が元同僚の大沼健司さんと視察したことに始まります。そのことを恩師である松矢勝宏先生にお話ししたところ「雲仙に行くなら、『ぶ〜け』も見てきなさい」と勧められたのです。松村常務理事（当時）と「ぶ〜け」の納谷室長と荒木さんに事業説明をしていただき、島原で行われた恋活スキルアップパーティにお邪魔しました。その時のバイキングとカラオケの会は、大沼さんや平井が東京でしている卒業生の会とさほど変わらない印象を持ちました。参加者の男女はひたすら食べて、ひたすら歌って、お互いに気持ちを打ち明けるような場面はほとんど見られなかったのです。それでも何組もカップルが生まれ結婚までしているという「ぶ～け」の秘密を知りたいと思いました。

平井は、松矢先生や東京学芸大学の菅野敦先生らと、知的障害者の生涯学習「オープンカレッジ東京」を20年以上にわたって実施してきましたし、その中で「恋愛・結婚」をテーマにした講座を何回も行い当事者の彼らを励ましてきたつもりでしたが、交際し結婚したという報告はほとんど聞かれませんでした。大井清吉先生の下で内地留学をさせてもらった時から、知的障害者の地域生活と結婚や性支援の問題は切り離すことのできない課題であることを学んでいました。また、現職教員としての最後の職場は、あの理不尽な性教育攻撃によって「失われた30年」に大きな影響を与えた七生養護学校（現東京都立七生特別支援学校）でした。

そんな背景もあったので、「ぶ～け」の秘密はどうしても解明したいと思うようになりました。法人の方でも、10年を経て「ぶ～け」支援委員会の立ち上げによる新感覚の事業展開と若手育成とをねらった事業見直しが進行していました。そんな折に、松村さんから「一緒に研究しませんか」と声をかけていただいたのです。

こうして調査をしたので、法人各部署との調整やアンケートの配布・回収、インタビュー承諾当事者への連絡やセッティング、資料提供などは、松村、納谷、小西ら法人側委員が行いました。データの解析やインタビューの成文化、分析、報告書案文の作成は平井が担当しました。本書の内容は、松村、小西も目を通し事実関係の誤りなどは訂正しましたが、ほとんどの文責は平井にあります。したがって本書で「筆者」と表記されている者は平井のことです。

研究の中間カンファレンスには、身体障害者の射精介助事業や性風俗従事者への法律・生活相談などユニークな事業展開と旺盛な執筆活動を行っている一般社団法人ホワイトハンズの坂爪真吾代表理事をお招きしました。この縁で「ぶ〜け」共同研究成果の一端は坂爪さんの新書「セックスと障害者」で紹介されました。坂爪さんの本がなければこの報告書はこんなに早く上梓できなかったでしょう。

一方、平井は2016年の春現在、NPO法人PandA-J代表・白梅学園大学堀江まゆみ先生やNPO法人Ohana春口明朗理事長、NPO法人燦・天成舎小川晴美施設長をはじめとする「多摩TSネット」の同志らと性的問題行動のある知的障害者の対人関係とコミュニケーション改善を図るグループセッションを試行中です。ここで出会った青年たちにも「ぶ〜け」のような支援ができたら本当の意味で彼らのグッドライフが実現できるのではないかと思っています。

ここにお名前を挙げさせていただいた機関とみなさんとの出会・協働が、本書のベースになっています。ありがとうございます。

取材に協力していただいた「ぶ～け」利用者の皆さんに心よりお礼を申し上げます。そして筆者にも「愛する人との生活」があることを日々実感させてくれているつれあいと家族に感謝します。

最後に、極めて短期間の編集・印刷を引き受けていただいた学術研究出版／BookWayの湯川祥史郎常務取締役に感謝申し上げます。


（明星大学　平井威）

巻末資料

調査用紙：支援者向け１－P生活者対象（P群）

世帯者についての支援者（家族、世話人、職員等）アンケート

あてはまる項目に○をつけるか、□にチェック（☑）を入れるか、（　）内に記入してください。

NO.（　　　　）＊記入しなくて結構です

世帯主名＿＿＿＿＿＿＿＿＿＿＿＿地区名＿＿＿＿＿＿＿＿＿＿子ども（なし　あり　人）

記入者＿＿＿＿＿＿＿＿＿＿＿＿（続柄　　　　）

＜Ｉ　男性について＞

ご本人氏名＿＿＿＿＿＿＿＿＿＿＿＿＿＿＿

1　現在の年齢（　　　）歳

・パートナーとの生活をはじめた年齢（　　　）歳

2　成育歴：当てはまるものに○をしてください

学歴：小学校（通常学級　特殊・特別支援学級　養護・特別支援学校）→中学校（通常　特殊　特別）→高等学校（全日普通科　全日職業科　定時制　特別　なし）→その他の学歴（　　　　　　　）

職歴：転職のある場合は、() 内の分類で回数に応じて記入してください（入所は福祉施設、矯正施設等内作業）

（一般就労　福祉就労　通所介護　入所）→　　　　→　　　　→

居住歴：転居回数に応じて記入してください

（親の家　親戚の家　入所福祉施設　矯正施設　GH　アパート暮らし　持家）→

→

3　障害程度：　軽度　　中度　　重度　　最重度　　手帳なし　　・障害支援区分（　　）

5　重複障害：　無　　有（　　　　　　　　　　　　　　　　　）

6　現在の就労状況：　一般就労　　福祉就労　　生活介護　　なし（家事含む）　　失業中

7　月額収入：　賃金（工賃）＿＿＿＿＿＿＿＿＿＿＿円

障害年金（　級）＿＿＿＿＿＿＿＿＿＿＿円

扶養共済＿＿＿＿＿＿＿＿＿＿＿円

生活保護費＿＿＿＿＿＿＿＿＿＿＿円

その他（　　　　　　　）＿＿＿＿＿＿＿円

合計　　　　　　　　　　　　　　　　　円

8　加入健康保険：　国保　　社保　　その他（　　　　）

9　加入公的年金：　国民　　厚生　　その他（　　　　）

10　疾病：　無　　有→病名（　　　　　　　　　　　　　　　　　　　）服薬：　有　　無

11　金銭管理の状態：　すべてご本人管理　　小遣い程度のご本人管理　　ほとんど支援者管理

12　ご本人が自由に使える小遣いの月額：＿＿＿＿＿＿＿＿＿＿＿＿円

13　障害福祉等公的サービスの利用状況：

□居宅介護（ホームヘルプ）　□行動援護・移動支援（ガイドヘルプ）（外出支援）

□短期入所（ショートステイ）　□地域相談支援（地域で生活するための訪問支援など）

□日中一時支援や地域活動支援センターでの活動　□サービス等利用のための計画作成

□成年後見　□生活保護　□地域福祉権利擁護事業　□重度心身障害者医療費助成

□公営住宅　□介護保険制度

□その他（　　　　　　　　　　　　　　　　　　　　　　　　　）

14　これまでに、つぎのようなトラブルを経験したことがありますか？あるものに ☑ して、その内容を（　）に書いて下さい。

□消費生活におけるトラブル・被害

（　　　　　　　　　　　　　　　　　　　　　　　　　　　　　　　）

□会社でのトラブル・事件

（　　　　　　　　　　　　　　　　　　　　　　　　　　　　　　　）

□グループホームや家庭、施設内でのトラブル・事件

（　　　　　　　　　　　　　　　　　　　　　　　　　　　　　　　）

□社会的なトラブル・事件（被害）

（　　　　　　　　　　　　　　　　　　　　　　　　　　　　　　　）

□社会的なトラブル・事件（加害）

（　　　　　　　　　　　　　　　　　　　　　　　　　　　　　　　）

□その他のトラブルや特記事項

（　　　　　　　　　　　　　　　　　　　　　　　　　　　　　　　）

15　定期的に参加している余暇活動や趣味の活動がありましたら、具体的に記入してください。また、それぞれに費やす費用（月額）をお書き下さい。

活動内容　　　　　　　　　　　　　　　費用（円／月）

1 ______________________________
2 ______________________________
3 ______________________________

16　ご本人に対する印象として、それぞれの項目について、
そう思う3　　やや思う2　　あまり思わない1　　ほとんど思わない0
から、ふさわしい点数に○をおつけください。

・新しい知識や社会への関心がある	3	2	1	0
・自分の生活を見直し改善する意欲がある	3	2	1	0
・仕事への意欲がある	3	2	1	0
・友だちとのつきあいや、交際はあるほうだ	3	2	1	0
・趣味や打ち込めることがある	3	2	1	0
・話したり書いたりすることが上手である	3	2	1	0
・人に臆することなく接することができる	3	2	1	0
・自分に対する自信がある	3	2	1	0
・ものの見方考え方がしっかりしている	3	2	1	0
・責任感は強い方だ	3	2	1	0
・家族（親）や世話人からの独立心が強い	3	2	1	0
・異性との交際や結婚への意欲がある	3	2	1	0
・その他（　　　　　　　　　　）	3			

17　ご本人が、相談できる支援者：
□親　□きょうだい　□親類の人　□ぶ～け担当者　□ホーム世話人　□職員　□ピア相談員
□福祉事務所の人、市役所の人　□会社の人　□民生委員　□弁護士　□先生　□友だち
□メル友　□パートナー　□その他（　　　　　　　　　　）　□誰もいない

18　今後パートナーとの生活を継続していく上で、大切だと思うことを以下から重要度順に、1,2,3,4,5と5番目まで番号を付けてください。
ぶ～けスキルアップ講座等への参加（ ）　本人の相談姿勢（ ）　支援者の相談支援（ ）
家事の協力（ ）　就労意欲の向上（ ）　生活態度の改善（ ）　相手へのおもいやり（ ）
その他（　　　　）（　　　　）

19　パートナー生活経験：　初婚　（　）回目　生活実習経験あり（重複可）

＜Ⅱ　女性について＞

ご本人氏名＿＿＿＿＿＿＿＿＿＿＿＿＿＿

1　現在の年齢（　）歳

・パートナーとの生活をはじめた年齢（　）歳

2　成育歴：当てはまるものに○をしてください

学歴：小学校（通常学級　特殊・特別支援学級　養護・特別支援学校）→中学校（通常　特殊　特別）→高等学校（全日普通科　全日職業科　定時制　特別　なし）→その他の学歴（　）

職歴：転職のある場合は、() 内の分類で回数に応じて記入してください（入所は福祉施設、矯正施設等内作業）

（一般就労　福祉就労　通所介護　入所）→　→　→

居住歴；転居回数に応じて記入してください

（親の家　親戚の家　入所福祉施設　矯正施設　GH　アパート暮らし　持家）→

→

3　障害程度：　軽度　中度　重度　最重度　手帳なし　・障害支援区分（　）

5　重複障害：　無　有（　）

6　現在の就労状況：　一般就労　福祉就労　生活介護　なし（家事含む）　失業中

7　月額収入：　賃金（工賃）＿＿＿＿＿＿＿＿円

障害年金（　級）＿＿＿＿＿＿＿＿円

扶養共済＿＿＿＿＿＿＿＿円

生活保護費＿＿＿＿＿＿＿＿円

その他（　）＿＿＿＿＿＿＿＿円

合計＿＿＿＿＿＿＿＿円

8　加入健康保険：　国保　社保　その他（　）

9　加入公的年金：　国民　厚生　その他（　）

10　疾病：　無　有→病名（　）服薬：　有　無

11　金銭管理の状態：　すべてご本人管理　小遣い程度のご本人管理　ほとんど支援者管理

12　ご本人が自由に使える小遣いの月額：＿＿＿＿＿＿＿＿＿＿＿＿円

13　障害福祉等公的サービスの利用状況：

□居宅介護（ホームヘルプ）　□行動援護・移動支援（ガイドヘルプ）（外出支援）

□短期入所（ショートステイ）　□地域相談支援（地域で生活するための訪問支援など）

□日中一時支援や地域活動支援センターでの活動　□サービス等利用のための計画作成

□成年後見　□生活保護　□地域福祉権利擁護事業　□重度心身障害者医療費助成

□公営住宅　□介護保険制度

□その他（　　　　　　　　　　　　　　　　　　　　　　　　　）

14　これまでに、つぎのようなトラブルを経験したことがありますか？あるものに ☑ して、その内容を（　）に書いて下さい。

□消費生活におけるトラブル・被害

（　　　　　　　　　　　　　　　　　　　　　　　　　　　　）

□会社でのトラブル・事件

（　　　　　　　　　　　　　　　　　　　　　　　　　　　　）

□グループホームや家庭、施設内でのトラブル・事件

（　　　　　　　　　　　　　　　　　　　　　　　　　　　　）

□社会的なトラブル・事件（被害）

（　　　　　　　　　　　　　　　　　　　　　　　　　　　　）

□社会的なトラブル・事件（加害）

（　　　　　　　　　　　　　　　　　　　　　　　　　　　　）

□その他のトラブルや特記事項

（　　　　　　　　　　　　　　　　　　　　　　　　　　　　）

15　定期的に参加している余暇活動や趣味の活動がありましたら、具体的に記入してください。また、それぞれに費やす費用（月額）をお書き下さい。

活動内容　　　　　　　　　　費用（円／月）

1 ＿＿＿＿＿＿＿＿＿＿＿＿＿＿＿＿＿＿＿＿＿＿＿＿

2 ＿＿＿＿＿＿＿＿＿＿＿＿＿＿＿＿＿＿＿＿＿＿＿＿

3 ＿＿＿＿＿＿＿＿＿＿＿＿＿＿＿＿＿＿＿＿＿＿＿＿

16　ご本人に対する印象として、それぞれの項目について、
そう思う3　やや思う2　あまり思わない1　ほとんど思わない0
から、ふさわしい点数に○をおつけください。

・新しい知識や社会への関心がある	3	2	1	0
・自分の生活を見直し改善する意欲がある	3	2	1	0
・仕事への意欲がある	3	2	1	0
・友だちとのつきあいや、交際はあるほうだ	3	2	1	0
・趣味や打ち込めることがある	3	2	1	0
・話したり書いたりすることが上手である	3	2	1	0
・人に臆することなく接することができる	3	2	1	0
・自分に対する自信がある	3	2	1	0
・ものの見方考え方がしっかりしている	3	2	1	0
・責任感は強い方だ	3	2	1	0
・家族（親）や世話人からの独立心が強い	3	2	1	0
・異性との交際や結婚への意欲がある	3	2	1	0
・その他（　　　　　　　　　　　）		3		

17　ご本人が、相談できる支援者：
□親　□きょうだい　□親類の人　□ぷ〜け担当者　□ホーム世話人　□職員　□ピア相談員
□福祉事務所の人、市役所の人　□会社の人　□民生委員　□弁護士　□先生　□友だち
□メル友　□パートナー　□その他（　　　　　　　　　　）　□誰もいない

18　今後パートナーとの生活を継続していく上で、大切だと思うことを以下から重要度順に、1,2,3,4,5と5番目まで番号を付けてください。
ぷ〜けスキルアップ講座等への参加（　）　本人の相談姿勢（　）　支援者の相談支援（　）
家事の協力（　）　就労意欲の向上（　）　生活態度の改善（　）　相手へのおもいやり（　）
その他（　　　　　）（　　　　　）

19　パートナー生活経験：　初婚　（　）回目　生活実習経験あり（重複可）

＜Ⅲ　世帯の状況＞
1　世帯の形態：　結婚　同棲（パートナー生活）　その他（　　　　　　　　　）

2　同居年数：　満（　　　）年（1年未満は、月数：　　　　　ヶ月）

3　住居形態：　持ち家　　借家（　一軒家　　集合住宅　）　　グループホーム
公営住宅　　　親の家（　同居　別居　）　きょうだい等親類の家（　同居　別居　）　その他

4　家族構成：　二人のみ　子ども（　）人　親きょうだい等と同居（　）人　その他（　　、　人）

5　月額家計状況：収入合計（二人の合計）＿＿＿＿＿＿＿円
支出　家賃＿＿＿＿＿＿円　生活費＿＿＿＿＿＿＿円　その他＿＿＿＿＿＿円
支出合計＿＿＿＿＿＿＿円　　貯金等＿＿＿＿＿＿＿＿円

6　資産状況　預貯金約＿＿＿＿＿＿円　不動産等資産＿＿＿＿＿＿＿＿円相当

7　家計管理：　二人共有通帳　　別々通帳管理し必要経費折半　その他（　　　　　　　　）

<Ⅳ　支援者（記入者）の世帯への支援について>
1　主な相談支援内容：（以下項目について主たる支援内容をお書きください。2以降との重複可）
夫婦生活面（コミュニケーションと性生活）

その他の生活面

就労面

その他

2　食事のこと：　味彩花利用（　朝　昼　夕　）　自炊（　　　）　他の弁当（　朝　昼　夕　）
世話人がつくる（　朝　昼　夕　）

3　家事一般：　そうじ　　洗濯　　入浴　　みだしなみ　　ゴミ処理　　その他（　　　　　）

4　健康管理：　薬の管理　　血圧等の管理　　通院付き添い　その他（　　　　　　　　　）

5　金銭出納・管理：　本人たち管理　　記帳支援　　印鑑・受給者証等預かり　カード預かり
科目別袋分け管理　　週毎現金渡し

6　性生活の支援：（支援している項目に〇をして、自由記述欄に特に支援していることを記入）
・基本的な性の生理（　排卵・基礎体温　射精・男性生理　愛撫・コミュニケーション　性交　清潔

おもいやり　受精と命の誕生　その他　　　　　　　　　　　　　　　　　　　　　　　　　　　）
・避妊の方法（　ピル　リング　コンドーム　パイプカット　その他　　　　　　　　　　　　　）
・子どもをもつかどうかの相談と支援（　意思確認　医療との連携　その他　　　　　　　　　　）
・ＤＶ防止と異常性愛への介入（　ＤＶ経験の観察　ポルノとの違い　その他　　　　　　　　　）
（自由記述）

7　子育て支援：　おひさま会（　）回参加　　個別相談　　保健所との連携　　保育所との連携
療育機関との連携　その他（　　　　　　　　　　　　　　　　　　　　　　　　　　）
（自由記述）

8　近所・町内会とのつきあい：　マナー　　ゴミ出しルール　　回覧板等　　会合出席等
その他（　　　　　　　　　　　　　　　　　　　　　　　　　　　　　　　　　　　　）

＜V　パートナー生活までのプロセスについて＞
1　交際のきっかけ：　ぶ～け交流会　　就労先　　宿泊型自立訓練　　行事・まつり
その他（　　　　　　　　　　　　　　　　　　　　　　　　　　　　　　　　　）

2　交際中の二人の行動：　街ブラ　カラオケ　映画　ボーリング　食事　ショッピング　公園
遊園地　ネットカフェ　図書館　おまつり　ホテル　夜デート　町の行事　法人行事　ぶ～け交流会
その他（　　）

3　ご本人たちが「交際中」になるうえで、影響をもった支援はなんですか？もっとも影響したと考えられる支援を５つ順に、1, 2, 3, 4, 5 と番号を付けてください。
ぶ～けの交流会（　）　スキルアップスクール（　）　ぶ～け担当者の個別支援（　）
生活実習（　）　ホーム世話人の支援（　）　仕事先の支援（　）　仲間の支援（　）
家族の支援（　）　その他（　　　　　　　　）（　　　　　　　　）

4　ご本人たちが「交際」から「パートナーとの生活」に至るうえで、影響をもった支援はなんですか？もっとも影響したと考えられる支援を５つ順に、1, 2, 3, 4, 5 と番号を付けてください。
ぶ～けの交流会（　）　スキルアップスクール（　）　ぶ～け担当者の個別支援（　）
生活実習（　）　ホーム世話人の支援（　）　仕事先の支援（　）　仲間の支援（　）
家族の支援（　）　その他（　　　　　　　　）（　　　　　　　　）

（ゴールに至るポイントとなった行動）

5　交際からゴールまでに問題となったこととその解決
・二人の間で：　趣向や意見の食い違い　性に関する不一致　誤解　その他（　　　　　　　　）

（何が問題で、どのように解決したか）

・他の友だちとの関係で：　友だちが邪魔した　浮気した　友だちに迷惑　その他（　　　　　　　）
（何が問題で、どのように解決したか）

・親や親類との関係で：　親の無理解　親からの搾取　親類の反対　その他（　　　　　　　）
（何が問題で、どのように解決したか）

・住まい、就労、お金に関すること：　住まいの場所　就労先の場所　就労時間等　お金の使い方
貯金や財産　その他（　　　　　　　）
（何が問題で、どのように解決したか）

・その他（何が問題で、どのように解決したか）

6　披露宴の有無・形態：　結婚式を挙げた　　披露パーティをした　　していない

7　パートナー生活をしてからの問題点と支援：（自由記述）
・5で問題になっていたこと：

・新たに持ち上がった困難：

8　パートナー生活を継続するために必要なこと：（自由記述）

以上です。ご協力ありがとうございました。

調査用紙：支援者向け２－Ｐいる独身者（交群）

支援者（家族、世話人、職員等）アンケート

あてはまる項目に○をつけるか、□にチェック（☑）を入れるか、（ ）内に記入してください。

NO.（　　　）＊記入しなくて結構です

Ｐ情報　NO.（　　　）お相手氏名＿＿＿＿＿＿＿＿＿＿

ご本人氏名＿＿＿＿＿＿＿＿＿＿記入者＿＿＿＿＿＿＿＿＿＿（続柄　　　　）

1　現在の年齢（　　　）歳　　　性別：　男　　女　　LGBT（　　　　　　　）

2　成育歴：当てはまるものに○をしてください

学歴：小学校（通常学級　特殊・特別支援学級　養護・特別支援学校）→中学校（通常　特殊　特別）→高等学校（全日普通科　全日職業科　定時制　特別　なし）→その他の学歴（　　　　　　）

職歴：転職のある場合は、() 内の分類で回数に応じて記入してください（入所は福祉施設、矯正施設等内作業）

（一般就労　福祉就労　通所介護　入所）→　　　　→　　　　→

居住歴：転居回数に応じて記入してください

（親の家　親戚の家　入所福祉施設　矯正施設　GH　アパート暮らし　持家）→

→

3　障害程度：　軽度　　中度　　重度　　最重度　　手帳なし　　・障害支援区分（　　）

5　重複障害：　無　　有（　　　　　　　　　　　　　　　　　）

6　現在の就労状況：　一般就労　　福祉就労　　生活介護　　なし（家事含む）　　失業中

7　月額収入：　賃金（工賃）＿＿＿＿＿＿＿＿＿＿円

障害年金（　級）＿＿＿＿＿＿＿＿＿＿円

扶養共済＿＿＿＿＿＿＿＿＿＿円

生活保護費＿＿＿＿＿＿＿＿＿＿円

その他（　　　　　　）＿＿＿＿＿＿＿＿＿＿円

合計＿＿＿＿＿＿＿＿＿＿円

8　加入健康保険：　国保　　社保　　その他（　　　　）

9　加入公的年金：　国民　　厚生　　その他（　　　　）
10　疾病：　無　　有→病名（　　　　　　　　　　　　　　　　　　）服薬：　有　　無

11　金銭管理の状態：　すべてご本人管理　　小遣い程度のご本人管理　　ほとんど支援者管理

12　ご本人が自由に使える小遣いの月額：＿＿＿＿＿＿＿＿＿＿＿＿円

13　障害福祉等公的サービスの利用状況：
□居宅介護（ホームヘルプ）　□行動援護・移動支援（ガイドヘルプ）（外出支援）
□短期入所（ショートステイ）　□地域相談支援（地域で生活するための訪問支援など）
□日中一時支援や地域活動支援センターでの活動　　□サービス等利用のための計画作成
□成年後見　　□生活保護　　□地域福祉権利擁護事業　　□重度心身障害者医療費助成
□公営住宅　　□介護保険制度
□その他（　　　　　　　　　　　　　　　　　　　　　　　　）

14　これまでに、つぎのようなトラブルを経験したことがありますか？あるものに ☑ して、その内容を（　）に書いて下さい。
□消費生活におけるトラブル・被害
（　　　　　　　　　　　　　　　　　　　　　　　　　　　　　）
□会社でのトラブル・事件
（　　　　　　　　　　　　　　　　　　　　　　　　　　　　　）
□グループホームや家庭、施設内でのトラブル・事件
（　　　　　　　　　　　　　　　　　　　　　　　　　　　　　）
□社会的なトラブル・事件（被害）
（　　　　　　　　　　　　　　　　　　　　　　　　　　　　　）
□社会的なトラブル・事件（加害）
（　　　　　　　　　　　　　　　　　　　　　　　　　　　　　）
□その他のトラブルや特記事項
（　　　　　　　　　　　　　　　　　　　　　　　　　　　　　）

15　定期的に参加している余暇活動や趣味の活動がありましたら、具体的に記入してください。また、それぞれに費やす費用（月額）をお書き下さい。

活動内容　　　　　　　　　　　　　　　費用（円／月）

1 ＿＿＿＿＿＿＿＿＿＿＿＿＿＿＿＿＿＿＿＿＿＿＿＿＿＿＿＿＿＿
2 ＿＿＿＿＿＿＿＿＿＿＿＿＿＿＿＿＿＿＿＿＿＿＿＿＿＿＿＿＿＿
3 ＿＿＿＿＿＿＿＿＿＿＿＿＿＿＿＿＿＿＿＿＿＿＿＿＿＿＿＿＿＿

16　ご本人に対する印象として、それぞれの項目について、
そう思う３　　やや思う２　　あまり思わない１　　ほとんど思わない０
から、ふさわしい点数に○をおつけください。

・新しい知識や社会への関心がある	3	2	1	0
・自分の生活を見直し改善する意欲がある	3	2	1	0
・仕事への意欲がある	3	2	1	0
・友だちとのつきあいや、交際はあるほうだ	3	2	1	0
・趣味や打ち込めることがある	3	2	1	0
・話したり書いたりすることが上手である	3	2	1	0
・人に臆することなく接することができる	3	2	1	0
・自分に対する自信がある	3	2	1	0
・ものの見方考え方がしっかりしている	3	2	1	0
・責任感は強い方だ	3	2	1	0
・家族（親）や世話人からの独立心が強い	3	2	1	0
・異性との交際や結婚への意欲がある	3	2	1	0
・その他（　　　　　　　　　　　　　）	3			

17　ご本人が、相談できる支援者：
□親　□きょうだい　□親類の人　□ぶ～け担当者　□ホーム世話人　□職員　□ピア相談員
□福祉事務所の人、市役所の人　□会社の人　□作業所の人　□民生委員　□弁護士　□先生
□友だち　□誰もいない　□その他

18　今後、交際を継続していく上で、大切だと思うことを以下から重要度順に、1, 2, 3, 4, 5 と 5 番目まで番号を付けてください。
ぶ～けスキルアップ講座等への参加（ ）　本人の相談姿勢（ ）　支援者の相談支援（ ）
家事の協力（ ）　就労意欲の向上（ ）　生活態度の改善（ ）　相手へのおもいやり（ ）
その他（　　　　　）（　　　　　）

19　交際経験：　（ ）回目　　つきあって（　）年（　）ヶ月

NO.（　　　）＊記入しなくて結構です
Ｐ情報　NO.（　　　）お相手氏名　　　　　　　　と

ご本人氏名＿＿＿＿＿＿＿＿＿＿＿＿の交際支援について
記入者＿＿＿＿＿＿＿＿＿＿＿＿（続柄　　　　　）

1　交際のきっかけ：　ぶ〜け交流会　　就労先　　宿泊型自立訓練　　行事・まつり
その他（　　　　　　　　　　　　　　　　　　　　）

2　交際中の二人の行動：　街ブラ　カラオケ　映画　ボーリング　食事　ショッピング　公園
遊園地　ネットカフェ　図書館　おまつり　ホテル　夜デート　町の行事　法人行事　ぶ〜け交流会
その他（　　　　　　　　　　　　　　　　　　　　　　　　　　　）

3　ご本人たちが「交際中」になるうえで、影響をもった支援はなんですか？もっとも影響したと考えられる支援を５つ順に、1,2,3,4,5と番号を付けてください。
ぶ〜けの交流会（　）　スキルアップスクール（　）　ぶ〜け担当者の個別支援（　）
生活実習（　）　ホーム世話人の支援（　）　仕事先の支援（　）　仲間の支援（　）
家族の支援（　）　その他（　　　　　　　）（　　　　　　　）

4　交際中に問題となったこと、なっていること：　とくにない　　　ある↓（以下記入）

・二人の間で：　趣向や意見の食い違い　性に関する不一致　誤解　その他（　　　　　　　）
（何が問題で、どのように解決したか、していないか）

・他の友だちとの関係で：　友だちが邪魔した　浮気した　友だちに迷惑　その他（　　　　　）
（何が問題で、どのように解決したか、していないか）

・親や親類との関係で：　親の無理解　親からの搾取　親類の反対　その他（　　　　　　　）
（何が問題で、どのように解決したか、していないか）

・住まい、就労、お金に関すること：　住まいの場所　就労先の場所　就労時間等　お金の使い方
貯金や財産　その他（　　　　　　　　　　　　　　　　　　　　　）
（何が問題で、どのように解決したか、していないか）

・その他（何が問題で、どのように解決したか、していないか）

5　現在の支援内容（支援している内容について○をつけ、自由に記述してください）
1）　いっしょに活動する仕方、コミュニケーションの取り方：　呼び方　あいさつ・へんじ　趣味
スキンシップ　人前での振る舞い　みだしなみ　その他（　　　　　　　　　　　　　）

（自由記述）

2） 家庭生活に関すること： 食事 洗濯 掃除 睡眠 仕事との両立 協力・分担 金銭管理 お金の使い方 健康の気づかい 冠婚葬祭 その他（ ）
（自由記述）

3） 性生活に関すること：
・基本的な性の生理（ 排卵・基礎体温 射精・男性生理 愛撫・コミュニケーション 性交 清潔 おもいやり 受精と命の誕生 その他 ）
・避妊の方法（ ピル リング コンドーム パイプカット その他 ）
・子どもをもつかどうかの相談と支援（ 意思確認 医療との連携 その他 ）
・ＤＶ防止と異常性愛への介入（ ＤＶ経験の観察 ポルノとの違い その他 ）
（自由記述）

3） 仲間との調整に関すること
（自由記述）

4） 親や親類との調整に関すること
（自由記述）

5） その他
（自由記述）

---

6 ご本人たちが「交際」から「パートナー生活」に至るうえで、今後影響をもつと思う支援はなんですか？もっとも影響すると考えられる支援を５つ順に、1, 2, 3, 4, 5 と番号を付けてください。
ぷ～けの交流会（ ） スキルアップスクール（ ） ぷ～け担当者の個別支援（ ）
生活実習（ ） ホーム世話人の支援（ ） 仕事先の支援（ ） 仲間の支援（ ）
家族の支援（ ） その他（ ）（ ）

7 二人の今後に見通しは？
□必ず「パートナー生活」にゴールできる □たぶんゴールできる □なんとも言えない
□あまり期待できない □期待できない

以上です。ご協力ありがとうございました。

調査用紙：支援者向け３－独身者（探群）

支援者（家族、世話人、職員等）アンケート

あてはまる項目に○をつけるか、□にチェック（☑）を入れるか、（　）内に記入してください。

NO.（　　　）＊記入しなくて結構です

ご本人氏名　　　　　　　　　　　　　記入者　　　　　　　　　　（続柄　　　　　）

1　現在の年齢（　　　）歳　　　　　性別：　男　　女　　LGBT（　　　　　　）

2　成育歴：当てはまるものに○をしてください

学歴：小学校（通常学級　特殊・特別支援学級　養護・特別支援学校）→中学校（通常　特殊　特別）→高等学校（全日普通科　全日職業科　定時制　特別　なし）→その他の学歴（　　　　　）

職歴：転職のある場合は、() 内の分類で回数に応じて記入してください（入所は福祉施設、矯正施設等内作業）

（一般就労　福祉就労　通所介護　入所）→　　　　→　　　　→

居住歴：転居回数に応じて記入してください

（親の家　親戚の家　入所福祉施設　矯正施設　GH　アパート暮らし　持家）→

→

3　障害程度：　軽度　　中度　　重度　　最重度　　手帳なし　　・障害支援区分（　　）

5　重複障害：　無　　有（　　　　　　　　　　　　　　　　）

6　現在の就労状況：　一般就労　　福祉就労　　生活介護　　なし（家事含む）　　失業中

7　月額収入：　賃金（工賃）　　　　　　　　円

障害年金（　級）　　　　　　　　円

扶養共済　　　　　　　　円

生活保護費　　　　　　　　円

その他（　　　　　　）　　　　　　　円

合計　　　　　　　　円

8　加入健康保険：　国保　　社保　　その他（　　　　）

9　加入公的年金：　国民　　厚生　　その他（　　　　）

10　疾病：　無　　有→病名（　　　　　　　　　　　　　　　　）服薬：　有　　無

11　金銭管理の状態：　すべてご本人管理　　小遣い程度のご本人管理　　ほとんど支援者管理

12　ご本人が自由に使える小遣いの月額：　　　　　　　　　　円

13　障害福祉等公的サービスの利用状況：

□居宅介護（ホームヘルプ）　□行動援護・移動支援（ガイドヘルプ）（外出支援）

□短期入所（ショートステイ）　□地域相談支援（地域で生活するための訪問支援など）

□日中一時支援や地域活動支援センターでの活動　　□サービス等利用のための計画作成

□成年後見　　□生活保護　　□地域福祉権利擁護事業　　□重度心身障害者医療費助成

□公営住宅　　□介護保険制度

□その他（　　　　　　　　　　　　　　　　　　　　　　）

14　これまでに、つぎのようなトラブルを経験したことがありますか？あるものに　　　して、その内容を（　）に書いて下さい。

□消費生活におけるトラブル・被害

（　　　　　　　　　　　　　　　　　　　　　　　　　　　）

□会社でのトラブル・事件

（　　　　　　　　　　　　　　　　　　　　　　　　　　　）

□グループホームや家庭、施設内でのトラブル・事件

（　　　　　　　　　　　　　　　　　　　　　　　　　　　）

□社会的なトラブル・事件（被害）

（　　　　　　　　　　　　　　　　　　　　　　　　　　　）

□社会的なトラブル・事件（加害）

（　　　　　　　　　　　　　　　　　　　　　　　　　　　）

□その他のトラブルや特記事項

（　　　　　　　　　　　　　　　　　　　　　　　　　　　）

15　定期的に参加している余暇活動や趣味の活動がありましたら、具体的に記入してください。また、それぞれに費やす費用（月額）をお書き下さい。

	活動内容	費用（円／月）
1		
2		
3		

16　ご本人に対する印象として、それぞれの項目について、
そう思う３　　やや思う２　　あまり思わない１　　ほとんど思わない０
から、ふさわしい点数に○をおつけください。

・新しい知識や社会への関心がある	3	2	1	0
・自分の生活を見直し改善する意欲がある	3	2	1	0
・仕事への意欲がある	3	2	1	0
・友だちとのつきあいや、交際はあるほうだ	3	2	1	0
・趣味や打ち込めることがある	3	2	1	0
・話したり書いたりすることが上手である	3	2	1	0
・人に臆することなく接することができる	3	2	1	0
・自分に対する自信がある	3	2	1	0
・ものの見方考え方がしっかりしている	3	2	1	0
・責任感は強い方だ	3	2	1	0
・家族（親）や世話人からの独立心が強い	3	2	1	0
・異性との交際や結婚への意欲がある	3	2	1	0
・その他（　　　　　　　　　　　　　）	3			

17　ご本人が、相談できる支援者：
□親　□きょうだい　□親類の人　□ぶ～け担当者　□ホーム世話人　□職員　□ピア相談員
□福祉事務所の人、市役所の人　□会社の人　□作業所の人　□民生委員　□弁護士　□先生
□友だち　□誰もいない　□その他

18　今後パートナーをみつける上で、大切だと思うことを以下から重要度順に、1,2,3,4,5 と 5 番目まで番号を付けてください。
ぶ～け交流会への参加（　）　本人の積極性（　）　支援者の後押し（　）
友だちと仲良くなる（　）　就労意欲の向上（　）　生活態度の改善（　）　異性へのやさしさ（　）
その他（　　　　　）（　　　　　）

19　パートナーをみつけることは（どれか一つ選んでください）
□必ず見つけられる　□たぶん見つけられる　□なんとも言えない
□あまり期待できない　□期待できない

20　パートナーを見つけ、「パートナー生活」に至るために、どのような支援をしていますか？

以上です。ご協力ありがとうございました。

調査用紙：当事者向け１－P 生活者（P群）

アンケート

NO.　　　♂　♀

あてはまる□にチェック（☑）をするか、（　）内《ない》に書《か》いてください。

1　なまえと年齢《ねんれい》を書《か》いてください。

（　　　　　　　　　　　　　　　　）（　　　）歳《さい》

2　あなたは、いまのくらしをどう思《おも》っていますか？（あてはまる項目《こうもく》いくつでも☑してください。）

□良《よ》い　□たのしい　□自由《じゆう》だ　□豊《ゆた》かだ　□（　　　　　　　　　　）

□わるい　□つまらない　□さびしい　□貧《まず》しい　□（　　　　　　　　　　）

3　「ぶ～け」の会《かい》でしたことで、今《いま》の生活《せいかつ》に役立《やくだ》っていることはなんですか？

4　いま一番《いちばん》がんばっていることや、好《す》きなことはなんですか

5　こまっていることがあったら書《か》いてください　（あるものに☑して、書《か》く）

□家族《かぞく》・パートナーのこと（　　　　　　　　　　）

□しごとのこと（　　　　　　　　　　）

□お金《かね》のこと（　　　　　　　　　　）

□人とのつきあい（　　　　　　　　　　）

□日常生活《にちじょうせいかつ》のこと（　　　　　　　　　　）

□その他《た》　(　　　　　　　　　　　　　　　　　　　　　　　　　　　　)

6　あなたが困《こま》ったとき、相談《そうだん》する人はいますか？それは誰《だれ》ですか？（あてはまるものすべてに ☑ ）

□パートナー　□親《おや》　□きょうだい　□親類《しんるい》の人《ひと》　□ぶ〜け担当者《たんとうしゃ》

□ホーム世話人《ほーむせわにん》　□職員《しょくいん》　□ピア相談員《ぴあそうだんいん》　□福祉事務所《ふくしじむしょ》の人《ひと》、市役所《しやくしょ》の人　□会社《かいしゃ》の人《ひと》

□民生委員《みんせいいいん》　□弁護士《べんごし》　□先生《せんせい》　□友だち《ともだち》　□メル友《とも》　□誰《だれ》もいない

□その他《そのた》（　　　　　　　　　　　　　　　　）

7　あなたの、将来《しょうらい》の夢《ゆめ》はなんですか？

8　その夢《ゆめ》をかなえるために、いま努力《どりょく》していることはなんですか？

ご協力《ごきょうりょく》ありがとうございました。

封筒《ふうとう》に入れ《いれ》て、支援者《しえんしゃ》（家族《かぞく》、世話人《せわにん》さん、職員《しょくいん》さんなど）にわたしてください。

調査用紙：当事者向け２－Pいる独身者（交群）

アンケート

NO.

あてはまる□にチェック（☑）をするか、（　）内《ない》に書《か》いてください。

1　なまえと年齢《ねんれい》を書《か》いてください。

（　　　　　　　　　　　　　　　　　）　（　　　）歳《さい》

2　あなたは、いまのくらしをどう思《おも》っていますか？　（あてはまる項目《こうもく》いくつでも☑してください。）

□良《よ》い　□たのしい　□自由《じゆう》だ　□豊《ゆたか》かだ　□（　　　　　　　　　　　）

□わるい　□つまらない　□さびしい　□貧《まず》しい　□（　　　　　　　　　　　）

3　「ぶ～け」の会《かい》でしたことで、今《いま》の生活《せいかつ》に役立《やくだ》っていることはなんですか？

4　いま一番《いちばん》がんばっていることや、好《す》きなことはなんですか

5　こまっていることがあったら書《か》いてください　（あるものに☑して、書《か》く）

□つきあっている人のこと（　　　　　　　　　　　　　　　　　　　　　）

□しごとのこと（　　　　　　　　　　　　　　　　　　　　　　　　　　）

□お金《かね》のこと（　　　　　　　　　　　　　　　　　　　　　　　　　　）

□人とのつきあい（　　　　　　　　　　　　　　　　　　　　　　　　　）

□日常生活《にちじょうせいかつ》のこと（　　　　　　　　　　　　　　　　　　　　　　）

□その他《た》　（　　　　　　　　　　　　　　　　　　　　　　　　）

6　あなたが困《こま》ったとき、相談《そうだん》する人はいますか？それは誰《だれ》ですか？（あてはまるものすべてに☑）

□つきあっている人　　□親《おや》　　□きょうだい　　□親類《しんるい》の人《ひと》　　□ぶ～け担当者《たんとうしゃ》

□ホーム世話人《ほーむせわにん》　　□職員《しょくいん》　□ピア相談員《ぴあそうだんいん》　　□福祉事務所《ふくしじむしょ》の人《ひと》、市役所《しやくしょ》の人　　□会社《かいしゃ》の人《ひと》

□民生委員《みんせいいいん》　　□弁護士《べんごし》　　□先生《せんせい》　　□友《とも》だち　　□メル友《とも》　　□誰《だれ》もいない

□その他《そのた》（　　　　　　　　　　　　　）

7　あなたの、将来《しょうらい》の夢《ゆめ》はなんですか？

8　その夢《ゆめ》をかなえるために、いま努力《どりょく》していることはなんですか？

ご協力《ごきょうりょく》ありがとうございました。

封筒《ふうとう》に入《い》れて、支援者《しえんしゃ》（家族《かぞく》、世話人《せわにん》さん、職員《しょくいん》さんなど）にわたしてください。

調査用紙：当事者向け３－独身者（探群）

アンケート

NO.

あてはまる□にチェック（☑）をするか、（　）内《ない》に書《か》いてください。

1　なまえと年齢《ねんれい》を書《か》いてください。

（　　　　　　　　　　　　　　　　　）（　　　）歳《さい》

2　あなたは、いまのくらしをどう思《お》って《も》いますか？

（あてはまる項目《こうもく》いくつでも ☑ してください。）

□良《よ》い　□たのしい　□自由《じゆう》だ　□豊《ゆた》かだ　□（　　　　　　　　　　）

□わるい　□つまらない　□さびしい　□貧《まず》しい　□（　　　　　　　　　　）

3　「ぶ～け」の会《かい》でしたことで、今《いま》の生活《せいかつ》に役立《やくだ》っていることはなんですか？

4　いま一番《いちばん》がんばっていることや、好《す》きなことはなんですか

5　こまっていることがあったら書《か》いてください　（あるものに ☑ して、書《か》く）

□しごとのこと（　　　　　　　　　　　　　　　　　　　　）

□お金《かね》のこと（　　　　　　　　　　　　　　　　　　　　）

□人とのつきあい（　　　　　　　　　　　　　　　　　　　　）

□日常生活《にちじょうせいかつ》のこと（　　　　　　　　　　　　　　　　　　　　）

□その他《た》　（　　　　　　　　　　　　　　　　　　　　　　　　）

6　あなたが困《こま》ったとき、相談《そうだん》する人はいますか？それは誰《だれ》ですか？（あてはまるものすべてに ☑ ）

□親《おや》　□きょうだい　□親類《しんるい》の人《ひと》　□ぶ～け担当者《たんとうしゃ》　□ホーム《ほーむ》世話人《せわにん》　□職員《しょくいん》

□ピア《ぴあ》相談員《そうだんいん》　□福祉事務所《ふくしじむしょ》の人《ひと》、市役所《しやくしょ》の人　□会社《かいしゃ》の人《ひと》　□民生委員《みんせいいいん》　□弁護士《べんごし》

□先生《せんせい》　□友だち《ともだち》　□メル友《とも》　□誰《だれ》もいない　□その他《そのた》（　　　　　　　　　　　　）

7　あなたの、将来《しょうらい》の夢《ゆめ》はなんですか？

8　その夢《ゆめ》をかなえるために、いま努力《どりょく》していることはなんですか？

ご協力《ごきょうりょく》ありがとうございました。

封筒《ふうとう》に入れ《いれ》て、支援者《しえんしゃ》（家族《かぞく》、世話人《せわにん》さん、職員《しょくいん》さんなど）にわたしてください。

資料　当事者向け依頼文

平成27年2月10日

「ぶ～け」登録者様《とうろくしゃさま》

社会福祉法人南高愛隣会結婚推進室《しゃかいふくしほうじんなんこうあいりんかいけっこんすいしんしつ》「ぶ～け」室長《しつちょう》
納谷《のうたに》まさこ

アンケートご協力《きょうりょく》のお願《ねが》い

春《はる》はもうそこまで来《き》ています。みなさん、お元気《げんき》でおすごしのこととおよろこびもうし上げます。

さて、みなさんは、毎日《まいにち》どんな気持ち《きもち》で生活《せいかつ》されていますか？「愛《あい》のする人《ひと》とのくらし」に向かって《むかって》いますか？すでに「パートナー生活《せいかつ》」をしている方々《かたがた》は、うまくいっていますか？

このたび、「ぶ～け」では、東京《とうきょう》の大学《だいがく》の先生《せんせい》といっしょに、「ぶ～け」のとりくみについて、調べる《しらべる》ことになりました。そこで、アンケートをします。

アンケート結果《けっか》は、あなたやみんなが、「愛する人《あいするひと》とのくらし」をつくり、豊《ゆた》かな暮《く》らしをつづけていくために役立《やくだ》てます。是非ご協力《ぜひごきょうりょく》してください。

なお、アンケートの内容《ないよう》は、そのまま発表《はっぴょう》することはいたしません。名前《なまえ》はいっさい出しません《だしません》。

あなたに不利益《ふりえき》になる扱い《あつかい》はしないことを約束《やくそく》します。

答えられる《こたえられる》ことだけでけっこうです。答えたく《こたえたく》ないことは答えなくて良《こたえなくてよ》いです。

協力《きょうりょく》してくれる人《ひと》は、協力同意書《きょうりょくどういしょ》を家族《かぞく》や世話人《せわにん》さん、職員《しょくいん》さんに渡して《わたして》ください。

アンケートは、封筒《ふうとう》に入れて《いれて》、**2月《がつ》28日《にち》までに**、渡《わた》してください。

よろしくお願《ねが》いいたします。

まだ寒《さむ》い日もあります。体《からだ》にはくれぐれもお気《おき》をつけください。

では、「恋活《こいかつ》パーティ」や「スキルアップ」で会える《あえる》ことを楽《たの》しみにしています。

お問い合わせ先《おといあわせさき》

〒859-1215　雲仙市瑞穂町古部甲1432-6　社会福祉法人南高愛隣会雲仙事務所

ぶ～け共同研究《きょうどうけんきゅう》プロジェクトチーム責任者《せきにんしゃ》

小西《こにし》　亜弥《あや》　TEL　09XX-xx-XXXX　FAX　09XX-xx-XXXX

Mail　b-XXX@xxxxx.or.jp

共同研究者　明星大学教育学部《めいせいだいがくきょういくがくぶ》　平井《ひらい》　威《たけし》

別紙《べっし》「誓約書《せいやくしょ》」も読んで《よんで》、ご了解《ごりょうかい》ください。

資料　筆者の当事者向け誓約書ひな形

平成　　年　　月　　日

様

明星大学教育学部准教授《めいせいだいがくきょういくがくぶじゅんきょうじゅ》
平井《ひらい》　威《たけし》

研究調査《けんきゅうちょうさ》にあたっての誓約書《せいやくしょ》

本調査《ほんちょうさ》は、インタビューやアンケートにご協力《きょうりょく》いただく他《ほか》、成育歴《せいいくれき》に関わる各種資料《かかわるかくしゅしりょう》をお借り《おかり》することもございます。

調査《ちょうさ》に当たって《あたって》以下約束《いかやくそく》しますので、別紙《べっし》の同意書《どういしょ》をいただきたくお願い申し上げます《おねがいもうしあげます》。

誓約事項《せいやくじこう》

1．研究《けんきゅう》に当たって《あたって》は、「明星大学研究倫理規程《めいせいだいがくけんきゅうりんりきてい》」にもとづき、誠実《せいじつ》に行動《こうどう》します。

2．いただいた情報《じょうほう》は研究目的以外《けんきゅうもくてきいがい》には利用《りよう》しません。学術論文等《がくじゅつろんぶんなど》に発表《はっぴょう》するときは、本当《ほんとう》の名前《なまえ》は出さず《ださず》、個人情報《こじんじょうほう》を含まない《ふくまない》ものとします。

3．調査データ《ちょうさでーた》の管理《かんり》は私《わたし》がひとりで行い《おこない》、個人情報《こじんじょうほう》を漏らさない《もらさない》ようにします。

4．研究協力者《けんきゅうきょうりょくしゃ》・アシスタント《あしすたんと》に対して《たいして》も人権《じんけん》の保護《ほご》や法令等《ほうれいなど》をしっかり守る《まもる》ことをさせます。

5．録音元データ《ろくおんもとでーた》は、必要《ひつよう》な調査《ちょうさ》がおわったらすぐに消し《けし》ます。また、お借り《おかり》した資料《しりょう》は、あらかじめ決めた日時《きめたにちじ》までに返します《かえします》。

6．途中《とちゅう》で協力《きょうりょく》をやめたいときはいつでもやめられます。やめたことで不利益《ふりえき》はありません。

以上

連絡先《れんらくさき》
〒191-8506　日野市程久保《ひのしほどくぼ》2-1-1　明星大学教育学部《めいせいだいがくきょういくがくぶ》
平井《ひらい》　威《たけし》　Mail　XXXX.XXXX@meisei-u.XX.JP
電話　042-XXXX-XXXX（携帯）

著者プロフィール

平井　威（ひらい　たけし）

1952年5月5日、東京都日野市生まれ。

千葉大学教育学部卒業、東京学芸大学大学院教育学研究科（修士課程）修了。

東京都特別支援学校教諭を36年間勤める。

明星大学教育学部客員教授、明治大学文学部兼任講師。

東京都国立市子ども家庭支援センター運営協議会会長、NPO法人Ohana理事など。

知的・発達障害者の生涯学習支援をテーマとしている。
※恋愛無数回、結婚1回、子育て3回。

社会福祉法人南高愛隣会「ぶ～け」共同研究プロジェクト
松村真美（まつむらまみ）

1962年12月15日、大分県生まれ
長崎純心大学現代福祉学科卒
1982年　南高愛隣会入職、コロニー雲仙更生寮施設長、常務理事などを歴任
2015年～事業統括部長
※声を聴くだけで元気をもらえる南高愛隣会のマドンナ

納谷まさ子（のうたにまさこ）

1948年12月20日、長崎県島原市生まれ
1992年4月　南高愛隣会入職、世話人としてグループホーム利用者の支援にあたる
2003年～結婚推進室「ぶ～け」の職員として登録者の幸せづくりのお手伝いに勤しむ
結婚推進室「ぶ～け」室長
※顔を見るだけで元気をもらえる「ぶ～け」のマリア

小西亜弥（こにしあや）

1987年3月20日、福岡県宗像市生まれ
2009年4月　南高愛隣会入職、宿泊型自立訓練やグループホームの生活支援員と支援にあたる2015年～相談支援事業所相談支援専門員、社会福祉士
「ぶ～け」共同研究プロジェクトリーダー
※LINEメッセージを見るだけで元気をもらえる雲仙のキューピット

ブ〜ケを手わたす　知的障害者の恋愛・結婚・子育て

2016年５月20日初版第１刷発行
2020年３月３日初版第４刷発行

著　者　平井　威
　　　　「ぶ〜け」共同研究プロジェクト
発行所　学術研究出版／ブックウェイ
　〒670-0933　姫路市平野町62
　TEL.079 (222) 5372　FAX.079 (244) 1482
　https://bookway.jp
印刷所　小野高速印刷株式会社

ISBN978-4-86584-137-4